Maura Oliveira Martins

Briefing e planejamento de comunicação integrada

inter saberes

Rua Clara Vendramin, 58 • Mossunguê • CEP 81200-170 •
Curitiba • PR • Brasil • Fone: (41) 2106-4170 •
www.intersaberes.com • editora@intersaberes.com

Conselho editorial
Dr. Alexandre Coutinho Pagliarini
Dr.ª Elena Godoy
Dr. Neri dos Santos
M.ª Maria Lúcia Prado Sabatella

Editora-chefe
Lindsay Azambuja

Gerente editorial
Ariadne Nunes Wenger

Assistente editorial
Daniela Viroli Pereira Pinto

Preparação de originais
Gilberto Girardello Filho

Edição de texto
Palavra do Editor
Tiago Krelling Marinaska

Capa
Luana Machado Amaro (*design*)
Branislav Nenin/Shutterstock
(imagem)

Projeto gráfico
Charles L. da Silva
Luana Machado Amaro (adaptação de projeto)
MARII1/Shutterstock (imagens)

Diagramação
Fabio V. da Silva

Designer responsável
Charles L. da Silva

Iconografia
Sandra Lopis da Silveira
Regina Claudia Cruz Prestes

Dados Internacionais de Catalogação na Publicação (CIP)
(Câmara Brasileira do Livro, SP, Brasil)

Martins, Maura Oliveira
   Briefing e planejamento de comunicação integrada / Maura Oliveira Martins. -- Curitiba, PR : Editora Intersaberes, 2023.

   Bibliografia.
   ISBN 978-85-227-0440-8

   1. Comunicação na administração 2. Comunicação integrada
3. Comunicação – Planejamento 4. Publicidade I. Título.

22-140619   CDD-659

Índices para catálogo sistemático:
1. Briefing : Planejamento : Comunicação integrada : Publicidade   659

Eliete Marques da Silva – Bibliotecária – CRB-8/9380

1ª edição, 2023.

Foi feito o depósito legal.

Informamos que é de inteira responsabilidade da autora a emissão de conceitos.

Nenhuma parte desta publicação poderá ser reproduzida por qualquer meio ou forma sem a prévia autorização da Editora InterSaberes.

A violação dos direitos autorais é crime estabelecido na Lei n. 9.610/1998 e punido pelo art. 184 do Código Penal.

Sumário

8   *Apresentação*

11 *Como aproveitar ao máximo este livro*

Capítulo 01
16 Planejamento de comunicação

18 Por que planejar uma estratégia de comunicação?

22 Tipos de planejamento

24 Etapas de um planejamento

28 A ideia da comunicação integrada

36 Construindo um diagnóstico: análise de macro e microambiente

Capítulo 02
51 *Briefing*: a peça central do planejamento

53 O que é *briefing*?

58 O trabalho do atendimento

69 Formação do *briefing*

75 Informações adicionais do *briefing*

83 A reunião: técnicas para a coleta de dados com o cliente

91 O papel do tráfego

Capítulo 03
98 A pesquisa para o *briefing*
99 Pesquisa de mercado
102 Produtos e serviços
104 *Benchmarking*
107 Análise SWOT: identificação de problemas e oportunidades

Capítulo 04
114 Objetivos e metas no *briefing*
115 Objetivos e metas de uma campanha
120 Posicionamento: Como a empresa quer ser vista?
124 *Target*: focando o público-alvo
126 *Stakeholders*: Quem a empresa impacta?

Capítulo 05
132 Promoção e comunicação da campanha
133 Como saber se um *job* deu certo?
135 Objetivos de comunicação: O que se pretende comunicar?
141 Plano de relacionamento
145 Ações isoladas e integradas
148 Mensuração de resultados

Capítulo 06
169 **Na prática: o desenvolvimento do plano**
170 Execução do plano
176 A função dos *planners*
178 Etapas de marketing e comunicação
183 Ferramentas de comunicação
185 Mídia: a escolha dos canais
199 Verbas e investimentos

211 *Considerações finais*
213 *Referências*
217 *Respostas*
221 *Sobre a autora*

Dedico este livro ao meu amado pai, Marcos Túlio Decimo Martins, que, enquanto esteve nesta terra, sempre me apoiou em toda a minha vida profissional e se orgulhou de cada passo que eu dei. Que hoje, ao lado de Deus, ele possa estar contemplando este trabalho e dividindo mais esta alegria comigo.

Agradeço imensamente a todos que me apoiaram durante a produção deste livro.

Ao professor Achiles Batista Ferreira Junior, da Uninter, pela generosidade e pela confiança ao me convidar para escrever esta obra. Aos professores Guilherme Carvalho e Alexsandro Ribeiro, também da Uninter, que são grandes parceiros de trabalho.

Ao meu marido, Alejandro, e ao meu filho, Cícero, que souberam suportar a minha ausência (mesmo quando presente fisicamente) para que eu pudesse dar conta deste projeto.

À minha mãe, Neuza, à minha irmã, Joice, e às minhas tias Lúcia e Sílvia, que torceram e me deram forças para que eu pudesse finalizar esta obra.

Às publicitárias Camila Matias Mazza, Ivana Shizue Imayuki Duarte Mechailech, Lívia Dias, Thais Fabris e Victoria Costa, que me concederam entrevistas que engrandeceram enormemente as discussões que aqui apresento. A Helena Perdiz e a Cristianne Ly, amigas generosas que trocaram ideias comigo e me ajudaram nos contatos com as profissionais citadas.

Por fim, à Editora InterSaberes, que confiou em meu trabalho e me deu todas as condições para a produção desta obra.

Apresentação

Muitas vezes, quem se depara com uma boa campanha publicitária fica deslumbrado diante de seu resultado. É inevitável pensar na genialidade envolvida na criação daquele *slogan* curto, mas contundente; na concepção de imagens tão sedutoras que geram o desejo por determinado produto; ou na elaboração de textos tão comoventes que parecem falar diretamente com a gente.

Essa percepção voltada à ideia de genialidade (ou seja, a algo criado por um intelecto de primeira grandeza) mascara o fato de que a publicidade é, na verdade, fruto de um duro trabalho que envolve pesquisa, método, estudo, transpiração. Dito de outra forma, a publicidade é um tipo de comunicação criado por meio de um conjunto de técnicas que, quando bem utilizadas, levam à geração de uma mensagem eficiente, capaz de cumprir com aquilo a que se propõe: atingir um público-alvo a partir de um objetivo bem delimitado.

Considerando-se o exposto, este livro parte da proposta de investigar uma das principais técnicas usadas no fazer publicitário, o **briefing**, que se constitui em uma etapa crucial para a execução de qualquer campanha. Esse documento (frequentemente encarado de forma intuitiva, e não como uma ferramenta discutida e ajustada graças a décadas de trabalho de diferentes publicitários) é uma espécie de "portal" que determinará os caminhos que um *job* trilhará. É a partir dele que o setor de criação conceberá as ideias para a formulação do conceito criativo, que o setor de mídia escolherá os canais mais apropriados para a veiculação da campanha e que o setor de atendimento estabelecerá a ligação entre todas as áreas envolvidas no projeto.

Para discutir a produção do *briefing*, também é necessário explorar seus entornos, ou seja, pensar no planejamento de comunicação que dará origem a esse documento, bem como nas estratégias nas quais ele se desdobrará após sua utilização por todos os setores da agência.

De forma a contemplar todo esse processo, este livro está dividido em seis capítulos. No Capítulo 1, versaremos sobre o planejamento de comunicação e explicaremos a necessidade de direcionar um olhar estratégico para esse plano com base em um diagnóstico bem estruturado.

Em seguida, no Capítulo 2, adentraremos efetivamente na temática do *briefing*, visto como a peça central do planejamento. Abordaremos o conceito de *briefing*, além de técnicas para a sua produção e para a obtenção dos dados necessários para produzi-lo. Além disso, examinaremos a função do setor de atendimento, responsável por coletar as informações e por criar esse documento.

No Capítulo 3, trataremos em mais detalhes da pesquisa para o *briefing*, indo além das entrevistas com o cliente. Apresentaremos também as técnicas de pesquisa de mercado, tais como o *benchmarking* e a construção da matriz SWOT. Todos esses conteúdos servem de base para o estabelecimento de metas e objetivos para a campanha, tema sobre o qual nos debruçaremos no Capítulo 4.

Por fim, nos Capítulos 5 e 6, enfocaremos a execução da campanha iniciada pelo *briefing*. Analisaremos temáticas como os objetivos de comunicação, a mensuração de resultados do trabalho, a definição de verbas e investimentos e a escolha das mídias.

Em todos os capítulos constam exemplos, *cases* e entrevistas realizadas com profissionais da área, as quais trazem testemunhos sobre as experiências dessas pessoas em agências de publicidade, no âmbito dos setores contemplados nesta obra. Com essa estratégia, a ideia é assegurar a concretude dos assuntos discutidos, trazendo clareza à sua aplicabilidade prática.

Esperamos que você possa tirar bom proveito desta obra e que ela possa gerar muitas reflexões sobre a sua profissão.

Boa leitura!

Como aproveitar
ao máximo este livro

Empregamos nesta obra recursos que visam enriquecer seu aprendizado, facilitar a compreensão dos conteúdos e tornar a leitura mais dinâmica. Conheça a seguir cada uma dessas ferramentas e saiba como estão distribuídas no decorrer deste livro para bem aproveitá-las.

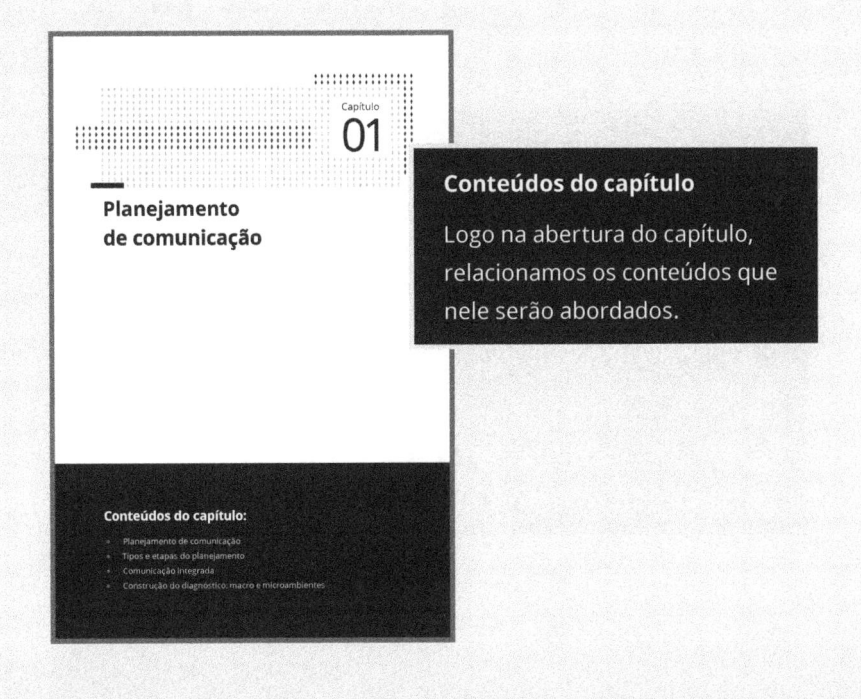

Conteúdos do capítulo
Logo na abertura do capítulo, relacionamos os conteúdos que nele serão abordados.

Capítulo 01

Planejamento de comunicação

Conteúdos do capítulo:
- Planejamento de comunicação
- Tipos e etapas do planejamento
- Comunicação integrada
- Construção do diagnóstico: macro e microambientes

Briefing e planejamento de comunicação integrada

Após o estudo deste capítulo, você será capaz de:
1. compreender o conceito de planejamento de comunicação integrada;
2. identificar e projetar diferentes tipos de planejamento de comunicação;
3. construir diagnósticos de macro e microambiente para projetos de comunicação.

Quem observa o resultado de um trabalho publicitário, como uma campanha que consegue engajar muitas pessoas e "colar" na mente das pessoas, pode por vezes se indagar sobre como uma ideia tão interessante foi criada. É bastante comum creditar um projeto bem-sucedido à mente genial dos publicitários envolvidos – como se, em uma espécie de toque de mágica, eles tivessem chegado a um conceito.

Para esclarecer todo o trabalho envolvido em um *job*, neste primeiro capítulo, voltaremos nosso olhar ao trabalho de **planejamento** que precede toda grande campanha. Deste modo, iniciaremos nosso estudo sobre as etapas que envolvem o processo de captação da demanda de um cliente até a obtenção de um resultado considerado satisfatório.

Após o estudo deste capítulo, você será capaz de:

Antes de iniciarmos nossa abordagem, listamos as habilidades trabalhadas no capítulo e os conhecimentos que você assimilará no decorrer do texto.

Estudo de caso

Nesta seção, relatamos situações reais ou fictícias que articulam a perspectiva teórica e o contexto prático da área de conhecimento ou do campo profissional em foco, com o propósito de levá-lo a analisar tais problemáticas e a buscar soluções.

Estudo de caso – Reposicionamento da Havaianas

Acompanhe na sequência um *case* de posicionamento para acompanhar como isso ocorre com marcas bastante famosas. No caso, a empresa em questão é tida como a líder do mercado brasileiro no setor de chinelos: Havaianas.

A marca foi criada em 1962 e se baseava em um modelo tradicional do Japão que usava palha de arroz como base. A sandália de borracha manteve, desde o início, um marketing baseado em sua praticidade, envolvendo o custo-benefício (pois era barata) e sua resistência.

Contudo, com o passar dos anos, o mercado mudou, e a empresa entrou em uma forte crise nos anos 90. Parte dessa situação se justificava pela dificuldade de modificar a marca: décadas depois do lançamento, o chinelo continuava praticamente o mesmo, com a palmilha clara e tiras azuis, amarelas e pretas.

Então, a Havaianas promoveu um reposicionamento importante, alterando a forma pela qual era vista pelos consumidores. As sandálias começaram a ser produzidas com mais cores, e seu preço também foi alterado (o que propunha que ela servisse não apenas às classes mais populares).

Como estratégia publicitária, celebridades foram contratadas para exibir suas havaianas e declarar que as usavam. Por fim, um *slogan* certeiro (*todo mundo usa*) sedimentou a marca no imaginário dos consumidores, tornando-a um sucesso nacional e até mesmo internacional.

13 *Briefing* e planejamento de comunicação integrada

Para saber mais

A sigla SEO se refere a *search engine optimization* (em português, otimização para motores de busca). Compreende-se como SEO o conjunto de estratégias usadas com a intenção de que um *site* seja facilmente encontrado no Google. Para se aprofundar no tema, sugerimos a leitura da obra indicada, de Maria Carolina Avis.

AVIS, M. C. **SEO de verdade**: se não está no Google, não existe. Curitiba: InterSaberes, 2019.

- **Pageviews**: também chamada de visualizações por páginas, esta métrica descreve quantas páginas dentro de um *site* foram visitadas. Pode fornecer uma boa noção de quais tipos de conteúdos ou produtos atraem mais o consumidor.
- **Responsividade**: por meio desta métrica, observa-se a experiência do usuário quando ele acessa certo *site* – se ele é responsivo, por exemplo, em telas diferentes, como no celular e no computador.
- **Tempo médio em uma página**: trata-se da média de tempo em que um usuário permanece em uma página antes de sair dela. Esse dado pode apontar indícios acerca da experiência do público e do quanto as pessoas são contempladas pelo que está sendo oferecido. No caso de um anúncio ou de outro tipo de mídia (por exemplo, um caso de *branded content*), é possível avaliar o grau de satisfação com o conteúdo apresentado.

Para saber mais

Sugerimos a leitura de diferentes conteúdos digitais e impressos para que você aprofunde sua aprendizagem e siga buscando conhecimento.

Importante!

A profissional de mídia Ivana Shizue Imayuki Duarte Mechailech dá algumas dicas sobre a relação com os veículos de comunicação e a tomada de decisão a respeito das mídias que serão usadas para determinada campanha:

- Mesmo que troque de agência, é recomendado que o profissional **continue mantendo seus contatos com os mesmos veículos**.

  Vejo os contatos comerciais como parceiros que também querem viabilizar a melhor solução para o anunciante. Costumava passar o *briefing*, estar aberta a sugestões, buscava negociar com transparência, com argumentos técnicos, priorizando os interesses do anunciante, porém mantendo o respeito pelo trabalho do outro. Jogava aberto e isso era reconhecido (Mechailech, 2022).

- As decisões sobre mídia devem envolver a **pesquisa sobre hábitos de consumo** do público-alvo: "como é seu dia a dia, por onde passa, qual o melhor momento para falar do que quero vender, o que influencia suas decisões de compra. Trabalhar próximo à equipe de planejamento é valioso nesta etapa" (Mechailech, 2022).
- Além disso, as decisões também devem se basear nos dados de que se dispõe sobre o público, avaliando a penetração e a afinidade dos meios no *target*. "Nesta fase, também é importante compreender necessidades da campanha de acordo com o

Importante!

Algumas das informações centrais para a compreensão da obra aparecem nesta seção. Aproveite para refletir sobre os conteúdos apresentados.

Briefing e planejamento de comunicação integrada

estão assistindo cada vez menos à televisão. Portanto, uma campanha destinada a jovens certamente não deverá ter a maior parte da verba destinada para esse canal.

Nesse caso, vamos supor que a decisão é por direcionar os esforços às mídias digitais, uma vez que o público jovem se encontra nas redes. É preciso lembrar a lição de Marshall McLuhan mais uma vez para, então, planejar uma mensagem com características condizentes a esse meio. Certamente, um anúncio digital precisa ter uma linguagem mais próxima e, até mesmo, interpelativa ao público do que a de um comercial de televisão.

> **Curiosidade**
>
> Os hábitos de consumo dos jovens são tema muito importante para os profissionais de mídia, já que as novas gerações são (e serão cada vez mais) alvos de campanhas publicitárias.
> A chamada Geração Z, que costuma abarcar os nascidos entre 1995 e 2010, tende a demonstrar características diferentes das gerações que a antecederam. Esses sujeitos são menos afeitos aos veículos de mídia tradicionais, como TV, rádio e impressos em geral. São nativos digitais, o que significa dizer que já nasceram em um mundo no qual os processos digitais, concretizados pela internet, são comuns. Além disso, sua atenção às mensagens comunicacionais pode ser bastante difusa, o que também gera um desafio à publicidade.

A seguir, apresentamos alguns exemplos de canais usados em campanhas publicitárias e suas especificidades:

Curiosidade

Nestes boxes, apresentamos informações complementares e interessantes relacionadas aos assuntos expostos no capítulo.

- Por fim, é essencial que o profissional de mídia demonstre **segurança** com o plano apresentado e embase bem as recomendações feitas – afinal, o que está em jogo é a verba do cliente.

Síntese

Neste capítulo final, costuramos as últimas etapas contempladas durante a execução de uma campanha. Discorremos sobre o plano para o acompanhamento de todas as fases do projeto, assim como acerca das decisões referentes aos tipos de mídia que serão utilizados para veicular a mensagem publicitária.

Esclarecemos, também, que esse trabalho costuma ser manejado por um profissional chamado *planner*, que precisa estar bem adequado à rotina da agência e se manter atualizado quanto aos movimentos do mercado. Ele será o responsável por atuar como uma espécie de "guardião", ou seja, deverá se certificar se que tudo transcorra conforme o planejado.

Em relação à mídia, explicamos que se trata de uma área extremamente estratégica, já que uma má decisão (por exemplo, a escolha por um canal que não impacta o público-alvo) pode colocar em risco todo o trabalho feito pela equipe. Embora certos publicitários não entendam a mídia como uma área em que gostariam de atuar (há quem enxergue esse setor como excessivamente "lógico" e pouco criativo, diferente do que imaginam a publicidade como um todo), fica claro que essa etapa é fundamental, uma vez que trabalha diretamente com o dinheiro investido pelo cliente.

Síntese

Ao final de cada capítulo, relacionamos as principais informações nele abordadas a fim de que você avalie as conclusões a que chegou, confirmando-as ou redefinindo-as.

Briefing e planejamento de comunicação integrada

Na prática: o desenvolvimento do plano

Considerando todo o exposto, percebemos que o trabalho de pensar e publicar uma campanha é denso e articulado por diversos profissionais, ainda que vise atender a uma única demanda: o projeto de uma empresa que confiou na agência de publicidade.

Questões para revisão

1. (Provar – 2021 – UFPR) Quais meios representam, respectivamente, exemplos de 1) mídia eletrônica; 2) mídia impressa; 3) mídia exterior; 4) mídia alternativa?
   a) 1) rádio; 2) revista; 3) adesivo de chão; 4) outdoor.
   b) 1) televisão; 2) revista; 3) empena; 4) adesivo de chão.
   c) 1) empena; 2) adesivo de chão; 3) revista; 4) cinema.
   d) 1) cinema; 2) empena; 3) painel do metrô; 4) painel de tetraedro.
   e) 1) rádio; 2) revista; 3) mídias sociais; 4) *indoor*.

2. (Consulplan – 2019 – MPE-PA) Bem-vindo ao maravilhoso mundo da propaganda *online*. Se não entende por que o seu *site* não gera o tráfego que você esperava, aqui encontrará a principal razão: você não investiu nele. Acostume-se a ver o seu *site* como uma nova empresa, com todos os direitos e obrigações que lhe correspondem. Os direitos são simples e dá para imaginá-los logo: lucro puro e simples. Porém, você realmente achava que esses direitos não lhe davam algumas obrigações? E que obrigações são estas? Felizmente, a *web* tem poucas. Por exemplo, não há impostos! Você não paga IPTU, taxa condominial, luz

Questões para revisão

Ao realizar estas atividades, você poderá rever os principais conceitos analisados. Ao final do livro, disponibilizamos as respostas às questões para a verificação de sua aprendizagem.

Na prática: o desenvolvimento do plano

4. Quando decidimos sobre um canal de mídia a ser contratado para uma campanha, quais deles são mais vantajosos, as mídias tradicionais ou digitais? Justifique sua resposta.

5. A negociação de valores para a veiculação de anúncios é uma prática comum na publicidade. Explique por que não se costuma revelar toda a margem de negociação possível quando se está pleiteando valores de mídia.

Questões para reflexão

1. Analise as diferenças entre o profissional de planejamento e o de atendimento. Reflita: Por que é importante contar com os dois tipos de profissionais em uma agência?

2. Neste capítulo, versamos sobre os diferentes tipos de mídia que podem veicular campanhas publicitárias. Quais mídias você acredita que mais causam impacto pessoal em você? Por que isso acontece?

Questões para reflexão

Ao propormos estas questões, pretendemos estimular sua reflexão crítica sobre temas que ampliam a discussão dos conteúdos tratados no capítulo, contemplando ideias e experiências que podem ser compartilhadas com seus pares.

Capítulo
01

Planejamento de comunicação

Conteúdos do capítulo:

- Planejamento de comunicação.
- Tipos e etapas do planejamento.
- Comunicação integrada.
- Construção do diagnóstico: macro e microambientes.

Após o estudo deste capítulo, você será capaz de:

1. compreender o conceito de planejamento de comunicação integrada;
2. identificar e projetar diferentes tipos de planejamento de comunicação;
3. construir diagnósticos de macro e microambiente para projetos de comunicação.

Quem observa o resultado de um trabalho publicitário, como uma campanha que consegue engajar muitas pessoas e "colar" na mente das pessoas, pode por vezes se perguntar como uma ideia tão interessante foi criada. É bastante comum creditar um projeto bem-sucedido à mente genial dos publicitários envolvidos – como se, em uma espécie de toque de mágica, eles tivessem chegado a um conceito.

Para esclarecer todo o trabalho envolvido em um *job*, neste primeiro capítulo, voltaremos nosso olhar ao trabalho de planejamento que precede toda grande campanha. Desse modo, iniciaremos nosso estudo sobre as etapas que envolvem desde o processo de captação da demanda de um cliente até a obtenção de um resultado considerado satisfatório.

1.1
Por que planejar uma estratégia de comunicação?

A publicidade, assim como todas as áreas da comunicação, está sob constante reformulação de suas práticas profissionais. Tais mudanças ocorrem por conta de vários fatores, que envolvem desde a pulverização das verbas com a ascensão da publicidade digital, o encolhimento dos valores investidos por anunciantes e a reconfiguração das agências de publicidade, com estruturas muitas vezes mais enxutas, até o surgimento de *hubs*[1] com foco de trabalho mais direcionado.

Mas há um elemento que nem sempre é tão evidente nessas mudanças e que tem a ver com certa reconfiguração dos processos publicitários que tendem a ser executados cotidianamente. Historicamente, a publicidade foi operacionalizada de forma intuitiva, com características que poderiam ser chamadas até de amadoras. Decisões importantes – e que envolviam, até mesmo, investimentos financeiros altos – eram tomadas, muitas vezes, com base em achismos.

Essa caminhada rumo a uma maior profissionalização do trabalho publicitário não é exatamente uma novidade. Peruyera e Vaz (2020) atentam para uma transformação na área que data ainda

· · · · ·

1   Por *hubs* entendemos as plataformas que reúnem profissionais que prestam diferentes tipos de trabalho, como criação de estratégias para mídias sociais, geração de conteúdo e elaboração de *sites*.

do começo do processo de desenvolvimento industrial no Brasil, iniciado após a Segunda Guerra Mundial:

> A presença das empresas multinacionais e suas agências, que já estavam no país em anos anteriores, fez com que aos poucos surgisse uma mão de obra nacional com *know how* importado, vindo do contato com profissionais estrangeiros em solo brasileiro. Esse cenário colaborou para um maior preparo dos profissionais do mercado publicitário. Se no passado as coisas eram feitas de modo amador, intuitivo ou por observação, o novo patamar que o mercado brasileiro alcançava exigia um profissional mais bem preparado para a grande explosão de consumo que experimentava. (Peruyera; Vaz, 2020, p. 112, grifo do original)

Não obstante, essa mudança de um patamar amador para um mais profissional não significou que as atividades dentro de uma agência deixassem de ocorrer, ao menos eventualmente, de forma apressada, sem o foco em etapas voltadas à organização do fazer publicitário. Ainda hoje, podemos encontrar exemplos de campanhas publicitárias que foram pensadas e direcionadas ao público de uma marca sem que houvesse, de fato, um esforço para verificar se o perfil comportamental atribuído a esse consumidor está correto.

Nesse sentido, a inserção da publicidade no ambiente digital aponta para a necessidade de se promover um maior direcionamento das atividades que serão realizadas. Isso, em parte, porque as ferramentas digitais trazem mais conhecimento e controle das várias etapas desse trabalho (por exemplo: a compreensão do público-alvo; a mensuração dos níveis de audiência e acesso em uma campanha digital; novos tipos de relação entre consumidores e marcas; informações sobre o período em que as pessoas estão *on-line*), mas também porque possibilitam conferir uma precisão muito maior às ações, incluindo aqui o planejamento de onde as verbas serão investidas.

O contexto atual da publicidade requisita e prioriza, portanto, a atividade de **planejamento** do trabalho desenvolvido pelas agências. Na realidade, o planejamento como disciplina da área publicitária começou a ser desenhado na década de 1970 (Pereira, 2017), e o foco nesse tipo trabalho só cresceu desde então.

Por isso, pensar em planejamento na publicidade – para, por exemplo, executar uma campanha, desenvolver uma estratégia de marketing ou montar uma ação para o ambiente digital – diz respeito a traçar metas, planos e etapas que poderão ser verificadas posteriormente em relação à sua efetividade ou não, a fim de que se possam corrigir rotas tanto no trabalho realizado como nos próximos. Planejar é, acima de tudo, **direcionar os recursos disponíveis** (financeiros, humanos, energéticos etc.) da maneira mais otimizada possível, no intuito de evitar erros e desperdícios.

Pense, por exemplo, em uma campanha realizada sem que se mapeiem os concorrentes de determinado cliente ou, então, que preveja ações não contempladas nos valores contidos no plano de mídia. A possibilidade de fracasso é, obviamente, altíssima. Esse cenário explica por que um planejamento de comunicação bem executado é a melhor garantia que se tem para o cumprimento dos objetivos estipulados com o cliente.

O planejamento possibilita que haja mais controle de vários fatores, tais como:

- **Objetivos**: O que a agência (ou o cliente, ou ambos) espera ao executar tal ação?
- **Critérios**: Como acompanhar e verificar a execução do que foi planejado?
- **Metas**: A que lugar se pretende chegar com a ação?
- **Diretrizes**: Para onde devemos encaminhar novos esforços e nosso trabalho para atingir os objetivos definidos?

Vale lembrar que a tarefa de planejar (ou seja, estudar, desenvolver estratégias, pensar nas possíveis consequências de uma ação e preparar-se para ela) uma atividade não é algo que acontece apenas na publicidade, mas em quase todas as áreas da vida. Conforme esclarece Pereira (2017, p. 24),

> O planejamento faz parte do processo criativo de forma quase intuitiva. Aliás, esta prática integra a vida de qualquer pessoa. Foi, porém, ao assumir a condição de disciplina que o planejamento estratégico passou a figurar como uma das mais importantes fases de todo o processo de comunicação persuasiva – ou, em outras palavras, o pensamento estratégico entrou na lógica do fazer publicitário de forma definitiva, modificando a prática até então estabelecida.

Neste livro, discutiremos qual é a importância do planejamento enquanto ilustramos, com bibliografias, *cases* e entrevistas com profissionais, como isso pode ser feito. Planejar visa, sobretudo, obter mais controle sobre um processo (o de criação, execução e recepção de uma mensagem publicitária) que sempre será, em certa medida, incontrolável.

Por essa razão, as agências que contarem com profissionais preparados e antenados em relação às etapas requisitadas para o planejamento estarão mais propensas a se manterem competitivas no mercado – uma vez que não tendem a desperdiçar esforços e dinheiro no trabalho que executam.

1.2 Tipos de planejamento

Para começar nossa conversa, é preciso esclarecer que o planejamento encontra várias faces no âmbito da publicidade. Porém, em linhas gerais, podemos definir o planejamento como "um conjunto de ações, podendo ser mais ou menos organizado e sistematizado, que traça etapas e tarefas orientadas para a realização de um objetivo específico" (Pereira, 2017, p. 25). Então, conforme essa concepção, podemos considerar os seguintes tipos de planejamento:

- **Planejamento estratégico**: mais voltado à administração, busca fazer uma avaliação contínua entre as ações realizadas no presente ou pretendidas para o futuro. Aqui, averiguamos e planejamos investimentos a serem feitos e recursos a serem utilizados para uma ação publicitária: recursos humanos, *budget*, equipamentos, planejamento de tempo, desenvolvimento de produtos etc.

- **Planejamento de marketing**: descreve ações a médio prazo para uma marca, um produto, um serviço ou uma linha de produtos. O foco é mais quantitativo, isto é, pensa-se em questões verificáveis por meio de variáveis controláveis: como aumentar as vendas de um produto, de que modo atingir determinado público etc. Um plano de marketing sólido ainda busca fazer uma análise correta e ampla sobre a situação da empresa que é atendida por ele.
- **Planejamento de comunicação**: apresenta um conjunto de ações que visam levar uma comunicação a um público específico, por meio de diferentes canais que serão escolhidos de acordo com o perfil. É possível dizer que, enquanto o planejamento de marketing explica **como** tais objetivos serão alcançados, o planejamento de comunicação aborda **o que** será dito ou comunicado nessa estratégia.
- **Plano de comunicação**: mais amplo, pode ser desenvolvido para outras áreas diferentes da comunicação (como relações públicas, comunicação institucional e mídias digitais).
- **Planejamento publicitário**: destina-se a organizar especificamente as ações da comunicação publicitária, elaboradas para atingir determinado fim.

Quando pensamos no contexto das agências publicitárias, vale destacar que, muitas vezes, o planejamento é feito por um profissional chamado de *planner*, que é alguém responsável apenas por essa prática ou, então, pelo atendimento, ou seja, pela mediação entre a agência e o cliente.

Publio (2012) afirma que a presença do *planner* na agência é fundamental para que o trabalho ocorra de forma otimizada e, ainda, de maneira criativa: "o planejamento também faz parte do processo criativo e, mais do que isso, deve ser constantemente alimentado por informações acerca do mercado. Um bom planejamento deve descobrir nas entrelinhas do mercado o que este deseja, mas ainda não sabe" (Publio, 2012, p. 122).

Assim, agências ou *hubs* que não investem nesse tipo de pensamento estratégico (ou que sobrecarregam profissionais de outras funções com essa demanda) podem ter muito a perder – inclusive o próprio cliente, quando ele não vê efetividade no trabalho realizado.

1.3
Etapas de um planejamento

Para adentrarmos no estudo das formas pelas quais um planejamento é executado na área da publicidade, temos de, em primeiro lugar, compreender que estamos falando de um movimento estratégico. Mas o que significa a palavra *estratégia*, tantas vezes usadas sem muita reflexão? Publio (2012) esclarece que o termo remete ao universo bélico: designa a realização de objetivos em situações envolvendo concorrência, o que é o caso das guerras e, também, do mundo dos negócios.

Com isso, queremos dizer que uma **estratégia** sempre se voltará a um raciocínio que é elaborado em busca da obtenção de um objetivo. No caso da publicidade, portanto, os fins costumam ser o sucesso de uma ação: pode ser, por exemplo, a inserção de um novo produto de determinada marca no mercado.

Vejamos um exemplo: uma marca de maquiagens quer estimular nas clientes o hábito de consumir um produto novo, como uma máscara de cílios colorida. Podemos, então, pensar em uma **estratégia** (que envolve um caminho geral a ser percorrido para obter o resultado esperado) que será executada por meio de **táticas**, compreendidas aqui como as ações específicas mediante as quais a estratégia será elaborada. Apenas para ilustrar, uma ação poderia ser a contratação de *influencers* que usem esse novo produto, mesmo que não o anunciem, de modo a difundir uma estética entre o público-alvo daquela marca.

Na Figura 1.1, apresentamos um diagrama que nos ajudará a visualizar isso melhor.

Figura 1.1 – Exibição gráfica da relação entre objetivo, estratégia, tática e meta

Skeleton Icon/Shutterstock

Tendo em vista esses conceitos, observe com mais detalhes, no Quadro 1.1, as etapas normalmente contempladas em um planejamento publicitário, organizado com base em uma estratégia que deverá ser executada por táticas específicas.

Quadro 1.1 – Etapas do planejamento publicitário

Etapas do planejamento publicitário	
Briefing	Nesta primeira etapa, voltamos a atenção ao contato com o cliente que será atendido, levantando as informações por meio de técnicas específicas.
Meta	A partir do *briefing*, discutimos quais metas buscamos atender com a execução do trabalho. Incluímos aqui qual é o resultado esperado da ação. Normalmente, a meta aparece de forma quantitativa (por exemplo: quanto se espera que o faturamento de uma empresa cresça; quanto se espera comercializar de tal produto novo).
Objetivos	Nesta fase, as metas são desdobradas em objetivos verificáveis em determinados períodos.
Análise do ambiente	Etapa fundamental do trabalho de planejamento, envolve a análise aprofundada dos ambientes interno e externo de uma empresa, para que seja possível projetar as ações com mais segurança. Portanto, o foco é na pesquisa sobre o mercado.
Definição da estratégia	Depois de definir a meta e os objetivos e analisar o ambiente, passamos ao momento de discutir como tudo será executado. Estruturamos, por exemplo, um cronograma, a escolha dos canais, a abrangência das ações etc.

(continua)

(Quadro 1.1 – conclusão)

Etapas do planejamento publicitário	
Execução	Por fim, partimos para a realização de tudo o que foi planejado anteriormente. Nesta etapa, o trabalho passa a envolver, além do planejamento, os profissionais responsáveis pelo setor de criação.
Análise dos resultados	Muitas vezes considerada menos importante, esta é uma etapa fundamental, em que devemos acompanhar, avaliar, eventualmente corrigir ações e tomar novas decisões em relação a aspectos que foram decididos no decorrer de todo o processo. Vale ressaltar que muitos fatores levantados nesta fase podem, até mesmo, servir de ensinamento para trabalhos futuros.

Fonte: Elaborado com base em Peruyera, 2020; Publio, 2012.

Entrevista

Conversamos com a publicitária Thais Fabris[2] sobre o trabalho do setor de planejamento – que ela costuma chamar de **estratégia**, por conta das especificidades exigidas pela área.

Thais pontua que, para a boa execução desse trabalho, o *planner* precisa ter certas características natas: deve ser apaixonado por pessoas e ser curioso sobre os consumidores, pois precisará construir uma conexão com eles. "Além disso,

---

2 Thais Fabris é formada em Comunicação Social com habilitação em Publicidade e Propaganda pela Fundação Armando Alvares Penteado (Faap) e pós-graduada em Comunicação Integral pelo INP – Lisboa. Durante dez anos atuou como redatora e diretora de criação em agências de publicidade. Há sete anos está à frente da 65|10, empresa de consultoria criativa especializada em mulheres.

> é importante estar atualizado sobre os melhores caminhos para gerar conversa e engajamento no ambiente digital e como transformar conversa em *equity* e vendas para seus clientes" (Fabris, 2022).
>
> Uma das etapas mais desafiadoras do trabalho de estratégia é a **prospecção**, ou seja, a busca de novos clientes. Thais – que é fundadora da 65|10, consultoria criativa que auxilia agências e empresas na comunicação com mulheres – diz que, para realizar essa busca, utiliza sua rede de contatos para então abordar pessoas que têm sinergia com o seu trabalho e que podem se tornar potenciais clientes. "Envio um *e-mail* contando o que temos a oferecer e já peço uma reunião, que no geral se converte em um pedido de orçamento e daí para fechar o negócio" (Fabris, 2022).

1.4 A ideia da comunicação integrada

Pensar em estratégias publicitárias também implica planejar de que forma as mensagens de uma empresa chegarão até o cliente. Portanto, é necessário entender e decidir quais canais serão usados e como eles se interligarão na campanha. Aqui nos aproximamos do conceito da **comunicação integrada**, que, segundo Peruyera (2020), justamente se relaciona com as conexões entre os diferentes meios que serão usados pela agência.

Como informado, além de pensarmos nos canais e em suas relações, na comunicação integrada também atentamos às relações estabelecidas entre os diversos setores envolvidos em uma campanha. É possível, assim, articular o trabalho da agência com o setor de marketing da empresa, com a assessoria de imprensa, entre outros. Desse modo, a chance de sucesso de uma ação se torna muito maior, uma vez que existe a soma de esforços entre os departamentos para atingir a meta.

Ao discutir o funcionamento da comunicação integrada, Correa (2013) defende que haja um esforço a favor da integração das diversas habilidades presentes em diferentes instituições e setores que trabalham em prol de uma campanha encomendada por uma empresa. É possível que o *job* una as *expertises* da agência de publicidade, da agência de promoção, do setor de eventos, do marketing direto, entre outros atores.

Os setores internos da agência também precisam ser contemplados nessa visão integrada, como observa Peruyera (2020, p. 9):

> O setor de criação, por exemplo, poderia criar conceitos mais abrangentes, para aplicar a diferentes tipos de peças. A verba de mídia poderia ser mais bem gerenciada. A publicidade na internet poderia ser percebida como parte da mesma campanha vista pelas ruas e em revistas e ouvida no rádio.

Igualmente, a comunicação integrada pode ser encarada pela ótica da publicidade *on-line* e *off-line*. Ou seja, aqui focamos o modo como as ações planejadas para as mídias *on* (estratégias de redes sociais, em *sites* e *blogs*, *inbound marketing* etc.) e *off* (como uso de panfletos, exposição em *outdoors*, propaganda em TV e rádio, anúncios em jornais) serão arquitetadas em uma lógica coerente.

O objetivo central de um plano de comunicação integrada é garantir que todos os canais estarão unificados, para que a mensagem carregada por eles seja coesa e represente a identidade da marca para a qual trabalham. Por isso, nesse planejamento, consideramos os seguintes fatores (Patel, 2022c):

- **Consistência entre as mensagens nos diferentes canais**: é preciso assegurar que todos os canais emitirão mensagens que, quando relacionadas entre si, não apresentarão contradições. Isso envolve, por exemplo, a padronização de uma mesma linguagem visual e verbal, a questão do discurso emitido etc.
- **Coerência entre as mensagens**: é necessário certificar-se de que uma mensagem emitida em um canal (como no caso de uma informação sobre um produto em um *e-commerce*) não será desmentida no outro (ou seja, que um *post* nas redes sociais não divulgará informações contrárias ao que foi dito no *site*, por exemplo).
- **Continuidade da comunicação**: na lógica estruturada entre todos os canais, é preciso organizar uma espécie de "jornada" em que uma comunicação complementa a outra, isto é, que ambas não pareçam surgir de universos diferentes.
- **Complementaridade entre os meios usados e as mensagens emitidas**: além de terem consistência, coerência e continuidade, as mídias usadas precisam se inter-relacionar sem causar a sensação de repetição. Por exemplo: se você vê um *post* em uma rede social que leva a um conteúdo sitiado dentro do *blog* de uma empresa, é importante que esse novo conteúdo lhe proporcione informações adicionais, que complementem seu

contato original com a marca; caso contrário, sua experiência como consumidor será ruim.

E por que as campanhas deveriam ser planejadas de forma integrada? A resposta a essa pergunta requer uma atenção especial aos modos de consumo das mídias atuais. Vivemos em um tempo em que o cenário é de plena midiatização, o que significa afirmar que nossa vida é o tempo todo atravessada pela interferência e mediação dos processos midiáticos – como o que nos chega pela TV, pelo rádio, pelo cinema, pelos veículos impressos e, claro, pela internet.

Neste novo momento da sociedade de consumo, os receptores contemplados pela publicidade têm o desejo de **participação**, ou seja, não apenas de receber os conteúdos vindos da mídia, mas de fazer parte deles de alguma forma. Esse processo, ao qual Jenkins (2009) denominou **convergência**, aponta para o fato de que os consumidores provavelmente não receberão as mensagens que desejam por apenas um único canal.

> Por convergência, refiro-me ao fluxo de conteúdos através de múltiplas plataformas de mídia, à cooperação entre múltiplos mercados midiáticos e ao comportamento migratório dos públicos dos meios de comunicação, que vão a quase qualquer parte em busca das experiências de entretenimento que desejam. Convergência é uma palavra que consegue definir transformações tecnológicas, mercadológicas, culturais e sociais, dependendo de quem está falando e do que imaginam estar falando. (Jenkins, 2009, p. 30)

Logo, planejar a comunicação de maneira integrada costuma colaborar para o sucesso de uma ação publicitária. Esse tipo de pensamento estratégico coopera para o fortalecimento da identidade da marca, para melhorar a eficiência nos processos de comunicação (uma vez que uma mensagem é reforçada em canais diferentes), assim como para promover maior integração entre setores e equipes, além de propiciar uma possível economia de recursos (humanos e financeiros).

∴ Um *case* de comunicação integrada

Para esclarecer como tudo o que expusemos anteriormente acontece na prática, vamos discutir agora um *case* de uma ação que foi planejada com base na estratégia da comunicação integrada e que obteve bastante sucesso em seus objetivos.

Em 2017, painéis gigantes começaram a ser vistos em Nova York e Los Angeles, nos Estados Unidos. Os *outdoors* eram simples: traziam uma tela branca e letras pretas em que se lia a frase "*Netflix is a joke*" (em português, algo como "A Netflix é uma piada"). Nenhuma outra explicação era dada (Figura 1.2).

Figura 1.2 – Imagem de *outdoor*, em 2017

Billie Grace Ward/Flickr/CC BY 2.0

Em pouco tempo, o *buzz* começou a ser gerado. Muitas pessoas olhavam aquela mensagem e não entendiam a que ela se referia. Teriam esses *outdoors* sido colocados por empresas concorrentes à gigante do mercado de *streaming*? Em suas redes sociais, vários usuários começaram a especular sobre isso e a postar fotos que tiravam dos painéis. Em seguida, os veículos de comunicação também se dispuseram a falar sobre o tema.

Na sequência, o próprio perfil da Netflix no Twitter compartilhou um *post* da revista *Variety* colocando apenas sinais de interrogação, o que continuou a estimular a dúvida e a conversa sobre o assunto.

Passadas alguns dias, novos *outdoors* foram instalados – mas, dessa vez, a frase era ilustrada por fotos de grandes estrelas da comédia americana, como Jerry Seinfeld, Chris Rock e Ellen Degeneres. A ação foi finalizada por uma série de vídeos, lançados no dia da entrega do tradicional prêmio Emmy, em que os comediantes interagiam com cenas e personagens de séries famosas da Netflix, como *Orange Is the New Black* e *Stranger Things*.

Figura 1.3 – Novo *outdoor* da Netflix, com o comediante Jerry Seinfeld

Artography/Shutterstock

Revelou-se, portanto, que a ação era da própria Netflix (e não de alguma empresa concorrente), planejada tendo em vista a conexão entre diferentes canais e mensagens: mídias *off-line* (os dois tipos de *outdoor*) e as ações de mídia *on-line* (os *posts* em redes sociais e, posteriormente, a série de vídeos com os comediantes). O sucesso desse trabalho também pode ser mensurado pela quantidade de mídia espontânea que foi gerada, ou seja, o intenso debate entre os usuários de internet e a cobertura dada por veículos jornalísticos.

Vale destacar que certamente a Netflix mobilizou as estratégias e os esforços de vários setores da empresa, para que, juntos, pudessem concretizar, de maneira bem planejada e simbiótica, uma ação com início, meio e fim que atingisse os resultados desejados.

Importante!

Por conta do grande número de usuários de mídias digitais, muitos anunciantes atualmente focam mais o *on-line* do que o *off-line*, na crença de que a maior parte de seu público está nos canais virtuais. Além disso, os custos de veiculação no ambiente digital tendem a ser muito menores, já que são altamente pulverizados.

No entanto, as mídias *off-line* seguem tendo enorme importância para determinados setores e para certas ações – consideremos, por exemplo, o *case* da Netflix descrito anteriormente. Nesse sentido, Clow e Baack (2022, p. 214) listam vantagens e desvantagens de trabalhar com as mídias tradicionais.

Vantagens:

- possibilidade de selecionar áreas geográficas específicas;
- preço acessível para anúncios em mídia local;
- baixo custo por impressão[3];
- se bem selecionadas, podem ter alta frequência de exposição;
- possibilidade de anunciar em grandes tamanhos.

---

3 Na terminologia usada na publicidade, chama-se *impressão* a quantidade de vezes em que um anúncio é exibido para uma pessoa um público.

Desvantagens:

- pode haver baixo tempo de exposição à mensagem;
- ocorre a veiculação de mensagens breves;
- pode haver pouca segmentação do público;
- o anúncio pode se misturar à poluição visual da cidade.

1.5
Construindo um diagnóstico: análise de macro e microambiente

Planejar, como já sabemos, envolve ter controle das etapas que levarão à construção de uma campanha ou de uma ação publicitária, com o objetivo de direcionar melhor os esforços e conseguir retornos mais efetivos pelo trabalho realizado. Executar um trabalho grandioso e não obter o resultado esperado, além de frustrante, também causa desgaste na relação com o cliente.

Assim, antes de darmos início à discussão do assunto, precisamos ter muita clareza sobre esta questão: o trabalho dentro da publicidade visa sempre solucionar algum tipo de necessidade do cliente. É possível, por exemplo, que uma marca busque se tornar a líder do setor em que opera, ou melhorar sua imagem perante o público, ou então aumentar os índices de venda de um produto. Portanto, para compreender e planejar os caminhos que devem ser percorridos rumo à solução dessas situações, primeiramente é necessário passar pela etapa de construção do **diagnóstico**.

Talvez essa palavra remeta, em sua mente, à área da saúde – afinal, é isso que os médicos fazem depois de examinar os pacientes. Saiba que há, sim, uma relação entre as duas coisas. Ou seja, é possível estabelecer uma conexão entre o diagnóstico na publicidade e o diagnóstico em seu sentido original, isto é, vinculado à área da saúde. Segundo Publio (2012), a primeira pessoa a usar o termo foi Hipócrates, considerado o pai da medicina. Para ele, *diagnóstico* significava **discernimento**, uma vez que o vocábulo é formado pelo prefixo *dia-*, cujo sentido é "através de", e por *-gnosis*, que indica "conhecimento". Logo, podemos entender *diagnóstico*, considerando seu sentido literal, como "através do conhecimento".

Tradicionalmente, os médicos são instruídos a formar seus diagnósticos com base em um processo chamado *anamnese* (uma espécie de entrevista em que o paciente responde a perguntas que ajudarão a mapear sua condição), bem como pela observação de sintomas, o que pode ser feito de diversas maneiras, entre as quais estão a própria avaliação do médico e a realização de exames específicos.

Agora, vamos retomar a área que nos é de interesse, a publicidade. Quando se começa um processo para a produção de uma comunicação publicitária (uma campanha, um *slogan*, um comercial etc.), é preciso coletar as informações relativas ao universo do cliente, que é o proponente do trabalho, sob a perspectiva do "problema" que ele deseja solucionar.

A analogia com a medicina, portanto, faz todo o sentido, pois, assim como um paciente procura o médico para curar uma enfermidade, o cliente também busca pela agência quando tem de resolver algo. Como já afirmamos, a necessidade do cliente pode ser de naturezas diversas: a empresa pode querer reposicionar sua imagem; comunicar melhor com o público-alvo; vender mais unidades de um produto; melhorar a identidade perante a opinião pública e mostrar-se relevante em face da concorrência etc.

Entretanto, nem sempre o problema será solucionável apenas com base naquilo que o "paciente" declara verbalmente. É preciso levantar mais informações, com o intuito de coletar os sintomas mais difusos manifestos pelo cliente acerca do que ele está precisando. Ou seja, trata-se de verificar a situação da empresa, o cenário do mercado, as características do público etc.

Considerando todas essas informações, podemos afirmar que, na publicidade, o diagnóstico consiste em um processo multifacetado que, tal como ocorre com os profissionais da saúde, envolve coleta de informações, observação direta, investigação, pesquisa, entrevista com o cliente, entre outros fatores.

Nesse contexto, a anamnese – a entrevista inicial para a coleta de dados – seria feita a partir do **briefing**. Conforme explica Publio (2012, p. 17, grifo do original):

> O diagnóstico deve ser desenvolvido através da *anamnese*, ou seja, pelo "relato feito pelo paciente (ou alguém responsável por ele) sobre os antecedentes, detalhes e evolução da doença". Nesta analogia, a *anamnese* é equivalente ao *briefing*, onde o cliente – suposto paciente – relata os detalhes dos sintomas, seus antecedentes e como está sua evolução. O *briefing* é o "conjunto de dados fornecido pelo anunciante para orientar

a sua agência na elaboração de um trabalho de propaganda, promoção de vendas ou relações públicas".

O *briefing*[4] é uma peça central para começar a identificar o problema que se pretende resolver. É fundamental que ele seja produzido com uma postura máxima de honestidade por parte do cliente (ainda que nem sempre ele possa garantir todas as informações necessárias para que uma boa anamnese surja, como discutiremos mais adiante) e do próprio profissional responsável por obter tais informações.

Quando os dados coletados são pouco francos ou, até mesmo distorcidos, há uma forte possibilidade de que todo o processo comunicativo se desenvolva com problemas. Imagine, por exemplo, um paciente que esconde um sintoma físico, por vergonha ou mesmo por considerá-lo irrelevante, como manchas na pele ou uma febre intermitente. No caso de uma empresa, podemos imaginar que uma informação não mapeada (um problema de queda nas vendas, a perda de uma fatia do mercado para concorrentes, questões internas envolvendo funcionários e chefia etc.) impactará as ações que serão propostas pela agência.

Em resumo, um diagnóstico nunca será completo se contar apenas com as informações trazidas pela empresa solicitante do trabalho. É preciso observar essa questão sob um escopo mais amplo, ou seja, olhar todo o ambiente em que o cliente está inserido. A fim de evitar conclusões precipitadas, deve-se realizar uma pesquisa

- - - - -

4 A etapa do *briefing* será abordada em profundidade no próximo capítulo do livro.

aprofundada que ajudará a planejar uma solução mais adequada para o problema levantado.

Com relação à execução dessa pesquisa, podem ser usados métodos diferentes a fim de, entre outros aspectos: entender o mercado em que a empresa está e sua situação interna; identificar seus pontos fracos e fortes; verificar seu posicionamento e o público-alvo; identificar os fornecedores que impactam o serviço prestado pela organização que solicitou a demanda etc.

Segundo Pereira (2017), a utilização de tais métodos fornecerá a base para realizar um **diagnóstico mercadológico** (ou seja, eles auxiliarão na construção de um "retrato" atualizado da organização para a qual se trabalha) e um **prognóstico mercadológico** (focado na avaliação de oportunidades futuras que podem ser exploradas a partir do planejamento que está sendo construído). A soma dessas duas angulações visa trazer mais segurança àquilo que será concretizado no trabalho.

Normalmente, um planejamento costuma começar pelo conhecimento aprofundado do cliente, isto é, da empresa (que pode ser uma marca ou mesmo uma pessoa física, como uma celebridade etc.) que encomendou o trabalho. Esse entendimento da empresa ocorre por dois eixos: a análise do microambiente (o ambiente interno) e do macroambiente (o ambiente externo em que ela está situada).

Mediante a análise do **macroambiente**, busca-se compreender o contexto externo em que a empresa se situa. Aqui pensamos no cenário que envolve tudo o que foge do controle do dono da organização: a cidade em que ela se localiza, o perfil dos cidadãos, a situação do país, as tendências comportamentais observadas no ambiente etc. Para levantar todas essas informações, é preciso ter boa capacidade de pesquisa – o que, aliás, imagina-se que vá além apenas de uma consulta à internet, pois a intenção é já dispor de uma interpretação dos dados coletados.

Por outro lado, na análise do **microambiente**, busca-se observar o conjunto de fatores que estão sob o controle da própria empresa, por meio dos fornecedores, dos clientes e do público-alvo (Peruyera, 2020). Aqui nos debruçamos sobre os processos internos, o que pode exigir uma postura de franqueza dos sujeitos que fornecem as informações necessárias.

Na sequência, vamos estudar em mais detalhes cada um desses ambientes.

∴ Análise do macroambiente

A análise do macroambiente descreve o levantamento e os fatores a serem considerados no momento de planejar uma campanha. Ela contempla questões de todo tipo – por exemplo, as características geográficas e climáticas do local em que uma empresa quer divulgar sua mensagem. A lógica é elencar informações que podem ser fundamentais para o sucesso ou o fracasso de uma ação.

Pense em uma marca de biquínis que pretende veicular um anúncio publicitário em um local no qual predomina o clima frio. Faz algum sentido para você? Quais estratégias a organização poderia buscar? Ainda, que características demográficas e culturais de tal região poderiam talvez justificar essa campanha (um exemplo: é possível que a marca queira atingir as mulheres que frequentam piscinas aquecidas em clubes)? Em suma, essas informações podem ser obtidas por meio de uma análise feita no macroambiente.

No Quadro 1.2, observe alguns fatores a serem analisados no macroambiente, acompanhados das respectivas descrições.

Quadro 1.2 – Aspectos da análise do macroambiente

Fator analisado	Descrição
Físico, geográfico e ambiental	Neste quesito, consideramos questões concernentes às condições físicas e naturais do local em que a empresa se localiza. Observamos como o ambiente pode estar impactando ou não os negócios; os recursos naturais disponíveis e as fontes de energia; os impactos ecológicos que a empresa pode gerar e o grau de importância dado pelo público a esses possíveis impactos etc.
Demográfico	Este fator se refere à questão demográfica, ou seja, à população atingida por essa empresa. Quais são suas características? Aqui levamos em conta fatores como classe social, etnia, idade, sexo, tendências e mudanças de perfil.
Político/legislativo	Questões mais amplas relacionadas à vida política precisam ser consideradas. Neste quesito, analisamos as leis que se aplicam à empresa, as exigências governamentais, as tributações etc.

(continua)

(Quadro 1.2 – conclusão)

Fator analisado	Descrição
Tecnológico	Avaliamos os fatores tecnológicos disponíveis e as tendências que futuramente podem influenciar os negócios da empresa. Também nos voltamos para as tecnologias avançadas que podem estar sendo utilizadas pelos concorrentes da empresa e deixando-a em desvantagem.
Econômico	O ambiente econômico exerce enorme influência nos negócios e, neste quesito, analisamos essa realidade no contexto específico do cliente. Como está a economia do país no setor da empresa? De que forma essa realidade se reflete no contexto local? Qual é o poder econômico dos clientes da empresa?
Sociocultural	Neste quesito, observamos as questões referentes às discussões que circulam na sociedade e aos elementos culturais que podem impactar a mensagem que se pretende veicular. A população está aberta a certos tipos de discursos? Como planejar nossas ações tendo em vista a cultura local?

Fonte: Elaborado com base em Publio, 2012.

Em complemento à análise do microambiente, é realizada a análise do macroambiente, que se refere aos elementos externos à empresa, como veremos a seguir.

∴ Análise do microambiente

No que tange à análise do microambiente, o foco recai no ambiente interno da empresa, isto é, em todos os fatores que passam por algum tipo de controle exercido por ela. Segundo Publio (2012, p. 83), "a análise do microambiente consiste em dissecar o setor onde a empresa está inserida. Assim, este item está relacionado principalmente ao setor no qual a organização atua juntamente com outras empresas".

Por isso, o primeiro passo da análise do microambiente é investigar profundamente o setor em que a empresa se insere. Em outras palavras, é preciso entender mais sobre o tipo de negócio que ela oferece: se é de educação, de beleza, de comunicação, de moda, de transporte etc.

Tais informações são relevantes porque fornecerão subsídios que permitirão levantar dados cruciais para qualquer campanha, envolvendo o posicionamento da empresa em face de seus concorrentes. Por exemplo, se a empresa apresenta um problema de estagnação na venda de um produto, será necessário observar (e entender) o que os concorrentes estão fazendo, a fim de identificar o motivo que os leva a não estar passando pela mesma situação. Porém, para isso, antes é fundamental compreender o que a empresa está fazendo internamente e quais condições ela tem para "brigar" no mercado.

No Quadro 1.3, a seguir, apresentamos alguns fatores que devem ser tratados nessa análise. Procuramos dispor as informações da forma mais completa possível, para auxiliar os diferentes tipos de análise do microambiente. No entanto, o quadro poderá ser adaptado ou reduzido, a depender do escopo do cliente para o qual se executa o trabalho.

Quadro 1.3 – Aspectos da análise do macroambiente

Fator analisado	Descrição
Aspectos financeiros	Neste item, analisamos os aspectos dos custos da produção e do modelo de negócio em si. Observamos o fluxo de caixa, o pagamento de funcionários, os ganhos brutos e líquidos, as despesas fixas etc.
Modelo de produção	Investigamos, neste quesito, o modelo de produção utilizado pela empresa. Quais são as características dessa produção? Ela está otimizada? É suficiente para as demandas do mercado? As mercadorias produzidas têm qualidade?
Recursos humanos	Aqui observamos os aspectos referentes ao capital humano da empresa e à gestão de pessoas. Podemos analisar: a evasão da empresa (Há um alto pedido de demissões? Se sim, por quê?); a cultura da empresa; o organograma (o fluxo do trabalho conforme a organização dos funcionários); os salários (Estão condizentes com o mercado?); a relação entre os integrantes da equipe etc.
Fornecedores	Quem são os fornecedores da empresa? Há um único fornecedor ou vários? Como a negociação com eles é realizada? A qualidade ofertada por eles é suficiente para o produto que a empresa quer oferecer? Em suma, neste fator, verificamos se os fornecedores se posicionam nos aspectos fortes ou fracos da empresa.

(continua)

(Quadro 1.3 – conclusão)

Fator analisado	Descrição
Distribuidores	Avaliamos de que forma a empresa distribui seu produto para o mercado. Há intermediadores? A distribuição é realizada *on-line* (em *e-commerces*) ou *off-line*? Novamente, aqui buscamos entender se estamos diante de um ponto forte ou fraco da empresa.
Concorrentes (diretos/indiretos)	Este aspecto é fundamental na análise do microambiente e, por isso, será tratado com mais profundidade ao longo deste livro. De todo modo, é preciso ter muita franqueza para observar como a empresa está se situando diante dos concorrentes. Podemos observar isso por meio de uma análise dos concorrentes diretos (do mesmo ramo da empresa) ou dos indiretos (que rivalizam com a organização, mesmo que sejam de ramos diferentes).

Fonte: Elaborado com base em Publio, 2012.

Dessa forma, ao executar o diagnóstico por meio de seus dois eixos centrais (os ambientes interno e externo), o planejamento de comunicação poderá fornecer uma análise confiável do cenário em que o projeto será concretizado.

Síntese

Neste capítulo, abordamos como se realiza o planejamento de comunicação na publicidade e verificamos como esse pensamento estratégico afasta o fazer publicitário de uma prática "intuitiva", no sentido de ser amadora. Planejar, portanto, significa achar formas de ter controle sobre o trabalho, prevendo (em certa medida, pelo menos) os resultados que serão obtidos.

Além disso, analisamos o plano com base na ideia de estratégia, ou seja, de algo realizado tendo em vista o cumprimento de um objetivo. As estratégias para as campanhas publicitárias são realizadas em diferentes etapas, e todo o trabalho envolve metodologias variadas. O plano também é gerado por meio de um diagnóstico sobre o problema de comunicação enfrentado pelo cliente, o que é verificado por meio de pesquisas específicas.

Por fim, explicamos a necessidade de se pensar a comunicação de modo integrado, já que os consumidores muitas vezes recebem as mensagens publicitárias por diferentes meios. Logo, planejar a comunicação considerando esse cenário certamente aumenta as chances de sucesso de uma campanha.

Questões para revisão

1. No trabalho publicitário, por que o diagnóstico funciona como uma espécie de anamnese?
    a) Porque, em uma agência de publicidade, um cliente tende a se apresentar como uma pessoa doente, ou seja, em sofrimento.

b) Porque a publicidade, da mesma forma que a medicina, usa o apoio da tecnologia para entender o problema do cliente.
c) Porque o diagnóstico se baseia inteiramente na entrevista com o cliente, como ocorre na medicina.
d) Porque o trabalho de ambos os profissionais, médicos e publicitários, descende dos ensinamentos do pensador grego Hipócrates.
e) Porque o cliente que solicita o trabalho, tal como o doente que vai até o médico, descreve os "sintomas" de uma situação que levam a um problema, o qual se busca solucionar com a campanha publicitária.

2. Assinale a alternativa que descreve uma razão para se planejar uma campanha publicitária de forma integrada:
   a) Para fortalecer a mensagem publicitária em vários canais e estimular o engajamento.
   b) Para mostrar ao cliente que a verba gasta no trabalho está bem investida.
   c) Para esclarecer ao cliente a função de cada uma das mídias.
   d) Para conseguir abordar o consumidor que não gosta de mensagens publicitárias.
   e) Para obter garantias de que o consumidor comprará o produto anunciado.

3. Assinale a alternativa que apresenta a melhor explicação sobre a função do *briefing*:
   a) É uma análise prévia feita pela agência sobre o cliente, para saber se vale a pena firmar um acordo com ele.
   b) É o contrato estabelecido entre agência e cliente.
   c) É um estudo detalhado sobre o público-alvo de certo produto.
   d) É uma carta enviada pelo cliente aos membros da agência.
   e) É um documento que aponta o problema principal que uma campanha pretende resolver.

4. Mesmo com o advento das redes digitais e a presença constante dos consumidores nesses espaços, as mídias tradicionais *off-line* seguem tendo muito valor e podem ser fundamentais para atingir determinados públicos. Considerando essa afirmação, apresente ao menos três vantagens das mídias *off-line*.

5. Por outro lado, as mídias *off-line*, caso não sejam bem executadas, podem gerar algumas desvantagens. Liste três delas.

Questões para reflexão

1. Neste capítulo, apresentamos a ferramenta do diagnóstico como preparação fundamental para a realização de uma campanha. Essa etapa de planejamento é importante para que haja segurança quanto aos objetivos e à possibilidade de atingi-los.

A esse respeito, reflita: Qual seria o custo (material e humano) de realizar um trabalho publicitário sem planejamento? Por quê?

2. Na sua percepção pessoal, as mídias *off-line* estão sendo bem utilizadas na sua cidade? O que você faria para melhorar o uso delas?

Capítulo 02

Briefing: a peça central do planejamento

Conteúdos do capítulo:

- Conceito de *briefing*.
- Levantamento de dados para o *briefing*.
- Técnicas para produção do *briefing*.
- O trabalho de atendimento.
- Coleta de dados.
- Tráfego.

Após o estudo deste capítulo, você será capaz de:

1. executar o documento do *briefing*;
2. utilizar as técnicas para obter as informações necessárias ao *briefing*;
3. testar as habilidades necessárias para o atendimento de clientes em agências de publicidade.

Neste capítulo, vamos nos concentrar em uma etapa fundamental para a execução de qualquer trabalho publicitário: a construção do *briefing*, documento que serve como um "mapa" que direcionará os esforços do setor de criação e de produção da agência.

Muitas vezes negligenciado por alguns profissionais ou, então, visto como uma "mera" entrevista com o cliente, o *briefing* precisa ser encarado como um processo rico e dinâmico que deve ser elaborado não com base em achismos, mas mediante um trabalho sistematizado, com metodologias preestabelecidas. Afinal, se essa parte do *job* é tão importante, não faz o menor sentido que seja realizada como uma tarefa protocolar que qualquer um poderia fazer.

Nas próximas páginas, explicaremos como funciona o *briefing* e de que forma você, como publicitário, deve agir para produzi-lo do melhor modo possível.

2.1
O que é *briefing*?

Ao chegar a este ponto do livro, você certamente já aprendeu algumas coisas. Sabe que um bom **planejamento** é essencial para que qualquer projeto publicitário tenha chances de sucesso e que é necessário fazer um bom **diagnóstico** da situação do cliente e do cenário em que ele se encontra, a fim de que essa etapa seja bem desenvolvida.

No entanto, tudo isso não será útil caso não esteja associado à produção de um ***briefing*** competente, ou seja, de um documento produzido com tais informações e a partir de contatos com o cliente, de modo a servir como guia para o trabalho de criação e de produção.

O *briefing* é central em toda produção publicitária, pois é uma espécie de "filtro" que sintetiza as informações mais importantes. Há técnicas que são utilizadas no intuito de otimizar esse trabalho, as quais possibilitam que nem a agência nem o cliente percam tempo. Por isso, esse documento é o elemento central que justamente estabelecerá a ponte entre o que o cliente deseja e o que a agência é capaz de entregar.

Vale atentar para o fato de que nem sempre (ou raras vezes) o cliente terá clareza sobre a demanda. Eventualmente, ele poderá ter dificuldade para colocar em palavras aquilo que se passa em sua mente, e isso pode ser um grande problema na publicidade: Se ele não sabe explicar bem o que está pedindo, como seremos capazes de atender as suas expectativas?

Esse documento é gerado pelo atendimento depois da realização de uma entrevista e/ou uma reunião com o cliente. A esse respeito, Pires (2020, p. 12) pontua:

> O *briefing* nada mais é do que uma coletânea de informações previamente levantadas e compiladas, que nortearão o desenvolvimento de uma campanha ou ação publicitária. Objetivos, metas, definições, concorrentes, breve histórico, prazos serão aplicados no *briefing*. [...] é um elemento-chave para o bom andamento de todo o processo. Se imaginarmos uma pequena divergência entre o atendimento e o planejamento dentro da agência, ouviríamos algo como: "Mas isso não estava no *briefing*!". Após a elaboração, o atendimento publicitário direciona o *briefing* às áreas internas da agência, o que acontece em reuniões de *briefing*.

Quando bem executado, o *briefing* assegura vários benefícios a todas as demais etapas seguidas por um trabalho em uma agência. Considerando o exposto, vamos apresentar o que ele é capaz de garantir:

- **Produtividade do trabalho**: um bom *briefing* torna toda a execução do *job* mais ágil e ajuda a evitar perdas de tempo e de energia.
- **Credibilidade do trabalho**: se o cliente estiver plenamente contemplado em relação ao que deseja ou imagina, ele ficará satisfeito e terá a agência em alta conta.

- **Alinhamento entre os setores da agência**: do mesmo modo, o *briefing* tem a função de esclarecer a todos os envolvidos o que se espera de cada um deles. Por isso, se bem feito, poderá ser útil para o ajuste de todos os profissionais.
- **Diminuição da refação**: quanto mais preciso for o *briefing*, menores serão as chances de o cliente exigir a refação (a alteração de alguma parte do *job*), o que é bom para todos.

Para conseguir esses bons resultados, o *briefing* deve primar pela objetividade e pela assertividade. Ou seja, não se trata de coletar o máximo de informações possível com o cliente, mas de angariar apenas o que será útil para a execução do trabalho. Por conta disso, Publio (2012, p. 34, grifo do original) esclarece que

> Um *briefing* muito grande é ruim não apenas porque é extenso, mas principalmente porque não é seletivo. Quando excessivamente reduzido significa que está incompleto e em consequência deixa muito espaço para a imaginação das pessoas que irão trabalhar na tarefa. A imaginação é fundamental, é claro, mas para resolver o problema e não para se ficar imaginando como de fato seria.

Em outras palavras, esse documento deve funcionar como uma espécie de mapa que guiará a trajetória do trabalho até o resultado final. Assim como um mapa, o *briefing* não "fecha" a rota (pode haver eventuais alterações no *job* que fujam do esperado, mas essa não é a regra); ao contrário, ele direciona para o melhor caminho a ser seguido.

Como afirmado, uma das premissas fundamentais do *briefing* é que ele deve servir para ajustar as expectativas entre o cliente e a agência. Isso significa que ambas as partes esperam chegar a certos resultados com o trabalho, mas é possível que surjam decepções no decorrer de sua execução.

Parece estranho imaginar que a agência também pode se frustrar com um trabalho, uma vez que, nessa relação, ela é o fornecedor do serviço, certo? Para analisar essa questão, podemos relembrar que um projeto publicitário não atua como um mero "resolvedor de problemas" ou um "atendente de pedidos aleatórios" provenientes de um cliente pagante. Uma agência se apresenta como uma empresa capaz de identificar e solucionar problemas concernentes à comunicação. Por conta disso, se não conseguir cumprir com o seu papel, haverá, sim, um sentimento de frustração por parte dos profissionais envolvidos.

Sob essa ótica, o *briefing* tem papel central na diminuição dessas arestas, uma vez que facilita o trabalho em todos os sentidos. Contudo, é necessário que ele seja bem executado, o que não é (ao menos não sempre) uma tarefa fácil. De modo geral, um *briefing* mal redigido costuma ter certas características, tais como as descritas a seguir:

- **Falta de objetividade**: não foca com clareza a questão central, ou seja, aonde se quer chegar com o trabalho.
- **Informações superficiais e/ou confusas**: o contato com o cliente não foi eficiente, e as informações coletadas com ele não são suficientes para a execução do *job*.

- **Documento desnecessariamente extenso**: como já pontuamos, o *briefing* preza pela assertividade. Assim, um documento muito extenso revela que o profissional de atendimento possivelmente não foi seletivo, pois incluiu dados que podem ser desnecessários e travou o trabalho, além de tomar tempo dos envolvidos (vale lembrar que a rotina das agências costuma ser bem corrida).
- **Excesso de informalidade**: o *briefing* pode surgir de entrevistas, questionários, conversas, entre vários outros métodos de que o atendimento pode fazer uso. No entanto, tais possibilidades não podem ser tomadas como desculpa para justificar a produção de um documento "frouxo" – no sentido de excessivamente informal, como se fosse o resultado apenas de um bate-papo entre amigos.
- **Desatenção aos concorrentes**: o *briefing* ainda contempla características fortes e frágeis do cliente – o que, muitas vezes, será constatado apenas ao olharmos para a concorrência.

Até este ponto, já está claro que o *briefing*, por ser um documento fundamental para todas as etapas de uma campanha, deve ser encarado de maneira muito séria e profissional. O marketing, por exemplo, pode ter uma participação central, pois é o setor que determina os principais objetivos mirados por um trabalho. Esse direcionamento permite que os questionamentos contidos no *briefing* sejam mais precisos.

2.2
O trabalho do atendimento

Quem é o profissional responsável por fazer o *briefing*? Para responder a essa questão, façamos um breve exercício. Imagine a complexidade do trabalho que ocorre em uma empresa de publicidade. Uma agência de tamanho médio conta com diversos setores encarregados de diferentes responsabilidades: o que deve coletar e organizar as informações de acordo com uma estratégia (planejamento); o que elabora o conceito da campanha (criação); o que define como e onde a comunicação será veiculada (mídia); o que executa as peças criadas (produção); e assim por diante.

Com essa breve descrição, já é possível imaginar que esse trabalho é vasto e normalmente bastante corrido. Toda essa rotina serve, afinal, para atender às necessidades de um cliente (ou de vários). Mas será que todos esses setores permanecem em constante contato com o cliente?

A resposta é: não. Se fosse assim, certamente o trabalho se tornaria inviável. Por isso, há um setor exclusivamente vinculado à relação e à comunicação com o cliente: o **atendimento**. Trata-se do departamento encarregado da concretização e manutenção de um ótimo relacionamento com o cliente, com o objetivo de compreender seus pedidos e articular o contato com todos os setores.

Trabalhar nessa área – isto é, desempenhar a função de atendimento – requer habilidades bastante específicas, as quais nem sempre são encontradas em todos os publicitários. Primeiramente, é necessário ter ótimas capacidades de comunicação, negociação e persuasão. Além disso, deve-se ter bastante jogo de cintura para lidar com as expectativas e mesmo com a vaidade tanto do cliente quanto dos demais profissionais da agência. Só desse modo o atendimento conseguirá fazer com que a relação cliente-empresa flua de modo produtivo para ambas as partes.

E por que tal relação é delicada? Aqui, cabe atentar para um detalhe: o trabalho executado por uma agência publicitária nem sempre será palpável. Considere, por exemplo, que o atendimento deve apresentar uma proposta de trabalho a um cliente de modo a convencê-lo de que se trata de um bom negócio e que, muitas vezes, tem de fazê-lo visualizar algo que ainda não existe no mundo concreto. Esse tipo de produção, com pouca materialidade, ao menos na maior parte das vezes, é característico da publicidade.

> Uma agência de propaganda é essencialmente uma prestadora de serviços e, nesse sentido, opera o inatingível como grande valor. [...] Os serviços caracterizam-se pela sua intangibilidade, pela sua impossibilidade de estocagem, pela perenidade e pelo fato de o consumo ser muitas vezes realizado durante o processo de produção. (Perez; Barbosa, 2007a, p. 14)

Isso significa que o profissional de atendimento terá de emplacar ideias junto ao cliente, lidar com suas expectativas e tanto compreender e "traduzir" aquilo que ele está solicitando quanto lhe "vender" uma proposta que ainda não foi concretizada.

Além disso, o atendimento não opera apenas como o setor de mediação entre as solicitações dos clientes e a execução feita pela criação. Diversas vezes, ele consiste na própria cara da agência – afinal, é por meio dele que os clientes têm contato com a empresa contratada, a qual acreditam ser a mais adequada para suprir suas necessidades.

Considerando o exposto, é evidente que o atendimento se constitui em um setor essencial para o sucesso de uma agência de publicidade, uma vez que funciona como uma espécie de meio de campo que está o tempo todo em contato com as "joias" mais preciosas da agência: suas contas.

Entrevista

Entrevistamos Camila Matias Mazza[1] e Lívia Dias[2] sobre os desafios e as especificidades do trabalho de atendimento, atividade que elas exercem em suas carreiras.

Ambas contam que o caminho que as levou para essa área foi trilhado por acaso. Lívia já havia trabalhado em outras funções em agências, como a área de operações, na qual ficou apenas alguns meses até receber um convite para atuar no setor de atendimento. Ela conta que, inicialmente, escolheu cursar Administração, mas não se identificou com os números e migrou para Publicidade, tanto pelas possibilidades de atuação

• • • • •

1   Camila Matias Mazza é formada em Publicidade e Propaganda pela Universidade Anhembi Morumbi. Trabalha há 14 anos na área de atendimento e gerenciamento de projetos em agências de publicidade. Passou por agências como JWThompson, AG2 Publicis, W3Haus e New Vegas, trabalhando com clientes como Walmart, Grupo Mondelez, Bradesco, Toyota, Chevrolet e L'Occitane. Atualmente, é diretora de atendimento e projetos na produtora B9.
2   Lívia Dias é formada em Publicidade e Propaganda pela Universidade Anhembi Morumbi e atua no mercado publicitário há 17 anos, sempre na área de atendimento. Também já trabalhou com eventos e comunicação interna em empresas de cenografia. Atualmente, trabalha como atendimento na agência PROS (sigla para Menos Public Mais People Relations), que presta serviços de relações públicas.

quanto por gostar de se comunicar. Desde então, já atuou em áreas como eventos, comunicação interna, *endomarketing* e cenografia, e hoje trabalha com *marketing* de influência. Já Camila conta que sentia mais afinidade com o trabalho de mídia, mas, em uma entrevista de emprego, obteve um *feedback* de que teria perfil para o trabalho com atendimento.

Camila destaca que o atendimento precisa lidar, sobretudo, com a administração do tempo da equipe em relação à quantidade de demandas recebidas. "Apesar de ser algo que temos que fazer o tempo todo, administrar o tempo e as expectativas da equipe e não deixar o time estafado é sempre um desafio" (Mazza, 2022), explica. Por seu turno, Lívia pontua que, no atendimento, ela acaba se tornando "a mãe do projeto", pois precisa fazer a ponte entre todas as partes (Dias, 2022).

O equilíbrio entre as expectativas

Outra questão importante se refere à administração das expectativas e das entregas por todos os envolvidos com um *job*. "Quando estamos lidando com pessoas de perfis diferentes e de empresas com segmentos e culturas diferentes, mapear como entregar o trabalho, como atender as expectativas do cliente e da equipe é a maior dificuldade" (Mazza, 2022).

Isso pode gerar certa ansiedade no profissional de atendimento em relação à forma de lidar com os demais setores. Na experiência de Camila, a franqueza é uma aliada nesse trabalho: "ao longo dos anos, a gente vai aprendendo que falar de forma aberta e sincera com o cliente é a melhor solução, trazer ele junto nas decisões, mesmo quando não é necessariamente uma decisão somente dele e mostrar os pontos de tensão é como tento lidar com as dificuldades" (Mazza, 2022).

Lívia ressalta que é preciso ter muita paciência e capacidade de mediação: "defendo o ponto de vista da agência até um determinado momento; se vejo que a cliente não quer ceder, entramos em um acordo" (Dias, 2022).

O bom resultado do trabalho, para Camila, depende mais de regras de convivência do que especificamente da natureza de um projeto. "Sempre o cliente ser o primeiro a ser avisado de qualquer problema ou mudança é a regra principal. Colocar limites de prazos e retornos para que a equipe consiga trabalhar de forma saudável também é importante" (Mazza, 2022).

O cumprimento dos prazos

A cobrança pelos prazos também costuma ser uma questão crucial no trabalho de agências, e cabe ao atendimento, na maioria das vezes, manter a vigilância para que eles sejam cumpridos. Tradicionalmente, havia a ideia de que os profissionais de agência trabalhavam muito além de seus horários para cumprir com tais cargas.

Entretanto, Camila pontua que houve uma alteração na cultura da sobrecarga de trabalho. "Acho que hoje em dia estamos falando mais sobre a forma de trabalho nas agências e tentando mudar uma cultura de noites sem dormir, prazos irreais e que cliente faz parte dessa conversa. Então, fica mais fácil estabelecer limites" (Mazza, 2022).

A relação com outros setores

Camila destaca que o setor de atendimento precisa desenvolver certas habilidades técnicas, mas que algumas são essencialmente emocionais: "é necessário entender a importância de ouvir com atenção, para que as relações interpessoais sejam as mais claras e saudáveis possíveis" (Mazza, 2022).

Lívia aponta em que situações podem ocorrer possíveis entraves: por vezes, o setor de criação não entende o *briefing* e cria algo que escapa da proposta, o que pode acontecer também no setor de produção. "Se não alinhar direito, pode acontecer de recebermos algo diferente do que pedimos" (Dias, 2022), explica. Tais entraves levam à necessidade de renegociação de prazos, o que sempre causa algum estresse na relação com o cliente.

Portanto, ter jogo de cintura é fundamental, porque o trabalho desse setor depende diretamente do funcionamento de outras áreas da agência. "Ser do atendimento é trabalhar com pessoas, que têm suas vidas e expectativas diferentes das nossas. Então, é necessário ter jogo de cintura para conseguir administrar tudo. Não existe uma área específica de que o atendimento precise mais ou menos; nós somos as pontas de todo o processo e, por isso, dependemos de todos" (Mazza, 2022).

∴ O trabalho do setor de atendimento

Até este momento, já esclarecemos que o profissional encarregado do setor de atendimento desempenha uma espécie de posição intermediária, visto que estabelece o vínculo entre a empresa (no caso, a agência) e seus clientes.

Sob essa perspectiva, Perez e Barbosa (2007a, p. 16) descrevem o profissional de atendimento como "capaz de agir como agência e pensar como cliente". Isso significa que ele sempre deve colocar-se no lugar daquele que está atendendo (aliás, existe uma máxima segundo a qual o responsável pelo atendimento deve encarar o dinheiro do cliente como se fosse seu). Essa perspectiva dupla, isto é, de se posicionar entre os dois lados do trabalho publicitário, também é apontada por Sant'Anna (1998, p. 264):

> O chefe de grupo (ou chefe dos contatos) de uma agência desempenha uma dupla função: em relação aos clientes que lhe são destinados, representa a agência; em relação aos serviços internos da agência, representa os clientes. Assim, a quase totalidade das relações entre a agência e os clientes realiza-se por intermédio do chefe de grupo, responsável perante uma, como perante outros, e toda a tomada de contato direto entre um cliente e um membro da direção geral, de um serviço técnico ou contabilístico da agência deve ser obrigatoriamente levada ao seu conhecimento, e feita com a sua concordância.

Ainda conforme Sant'Anna (1998), o ideal é que o atendimento vá além do mero papel de mediação no processo publicitário. Nesse sentido, espera-se que esse profissional se posicione como um "orientador do jogo" (Sant'Anna, 1998, p. 334), ou seja, como alguém que estabelece o cronograma das ações, orienta os clientes, escuta e "traduz" suas solicitações para uma linguagem reconhecível pela publicidade.

Dito de outra forma: o setor de atendimento participa de todas as reuniões e ouve tanto os clientes quanto os profissionais. Além disso, consegue criar uma ponte entre duas visões que, à primeira vista, poderiam parecer inconciliáveis.

Com base nessas considerações, vejamos em mais detalhes algumas das atividades exercidas pelos profissionais desse setor, bem como as competências esperadas para eles:

- a **prospecção** (busca de novos clientes), a **negociação** e a **manutenção** dos clientes atuais da agência;
- a produção com os clientes de ***briefings***, os quais servirão para explicar as demandas em uma linguagem publicitária;
- a **compreensão profunda** da realidade do cliente, por meio do estudo constante e atualizado sobre ele;
- o **conhecimento profundo** da realidade da agência, bem como de cada setor que ela engloba, de modo a reconhecer suas capacidades, seu perfil e seus limites de atuação;
- o **acompanhamento** da realização do trabalho executado pelo setor de criação, com o intuito de dirimir possíveis arestas com o cliente;
- a **elaboração** de documentos (como relatórios e apresentações) para a exibição do trabalho aos clientes;

- a **administração permanente** da relação entre as duas partes, a fim de evitar que ela se desgaste;
- o **gerenciamento das contas** (os clientes que a agência atende), de forma a manter a existência e a qualidade desse relacionamento a longo prazo;
- em algumas agências, a realização do **planejamento** considerando-se todos os seus aspectos.

Ademais, por vezes o setor de atendimento costuma ser visto por outros profissionais da agência como menos importante ou, até mesmo, descartável – em um olhar bastante preconceituoso, é como se fosse um "tirador de pedidos". Por exemplo, é comum que o nome do profissional de atendimento apareça por último na ficha técnica de um trabalho, o que atesta que nem sempre os próprios publicitários reconhecem a importância fulcral dessa função.

Em um artigo bastante provocativo, Laurino (2019, grifo do original) sugere que essa visão seja modificada: que se substitua a frase "'**um bom profissional de atendimento deve ser um pouco de cada área da agência**'" por "'**um bom profissional de qualquer área da agência deve ser um pouco do atendimento**'". Com isso, evidencia-se a ideia de que a preocupação com os anseios e os interesses do cliente deve estar na mente de todos os profissionais que participam da agência.

Ainda de acordo com Laurino (2019),

> O atendimento, apesar de obviamente precisar de outros profissionais para levantar um projeto, é o único profissional que, se bem qualificado, é capaz de manter a qualidade da

entrega. Portanto, se um cliente tem como principal exigência a qualidade do serviço, ele deve se preocupar principalmente com a qualidade do profissional de atendimento que ele contrata. Obviamente, todos os outros profissionais precisam ser qualificados, assim o trabalho sai perfeito muito mais rápido. Mas um atendimento de qualidade transforma em diamante qualquer carvão.

Embora haja alguma provocação no sentido de se pensar a centralidade desse profissional, constata-se que o atendimento exerce grande interferência no sucesso ou no fracasso de um projeto publicitário. Mas isso não significa que essa função não esteja em constante mutação – assim como a própria publicidade.

∴ Responsabilidades e competências esperadas para o atendimento publicitário

A comunicação representa, provavelmente, uma das esferas mais dinâmicas da sociedade, pois está o tempo todo sendo alterada. As mudanças ocorrem em um espaço de tempo cada vez menor. As formas de comunicação que usávamos há cinco anos já parecem bastante diferentes das que utilizamos agora.

Na publicidade, observamos uma velocidade intensa nesses processos. Os clientes trazem novas demandas, e os serviços ofertados a eles precisam ser atualizados. O ambiente digital, por exemplo, tornou possível fazer um mapeamento cada vez mais preciso do público que se busca atingir. Hoje, temos mais informações sobre o *target*, as quais nos permitem pensar em ações mais criativas e direcionadas na conversa com os consumidores.

Outra consequência da migração da comunicação para o digital é que ela impactou profundamente as verbas publicitárias. Se antigamente os clientes procuravam prioritariamente por mídias *off-line* (como *outdoors*, panfletos e mobiliário urbano) e eletrônicas (como rádio e televisão), o panorama atual revela que, sobretudo, o foco reside nos meios presentes na internet, e isso por uma razão bem simples: o público está nela.

Todas essas circunstâncias demandam que os profissionais da publicidade se mantenham atualizados sobre o mundo, que, como afirmamos, está mudando. Quem trabalha com atendimento também precisa pensar nisto: como se manter adequado ao contato (e ao cuidado) de novos e antigos clientes de uma agência.

Por essa razão, o profissional de atendimento deve, acima de tudo, ser um **explorador**. Isso significa que sua obrigação é manter-se atento e curioso considerando todas essas atualizações, tanto em relação àquilo de que os clientes necessitam quanto em relação ao que a publicidade é capaz de fazer, especialmente quando atua de forma inovadora.

Também se espera que o profissional de atendimento desempenhe sua função de maneira **proativa**, e não apenas reativa. Ou seja, ele deve estar atento às movimentações do mercado, ao que os concorrentes da agência estão fazendo, assim como às novas formas comunicacionais que despontam no universo da comunicação. Apenas desse modo será possível trazer novidades para as duas "pontas" de sua atuação (a agência e suas contas).

Ainda, esse colaborador deve sofisticar e aprimorar suas capacidades de **comunicação pessoal**, a fim de atuar como uma ponte poderosa entre os três principais interessados em todo o trabalho publicitário: a agência, o cliente e os consumidores.

Por fim, tudo o que for solicitado pelo cliente e executado pela agência não fará sentido caso não gere uma comunicação eficiente com o público que se deseja afetar. Em razão disso, o profissional desse setor também tem de ser um bom **caçador de tendências**, quase como um antropólogo informal que está a observar o mundo de forma interessada e analítica.

Portanto, até este ponto, vimos que o *briefing* conta com métodos estruturados para sua execução. Além de envolver um profissional especializado, sua produção contempla técnicas e fórmulas que devem ser empregadas não só para otimizar o trabalho do setor de atendimento, mas também para facilitar a vida do cliente.

Considerando o exposto, a seguir, vamos abordar algumas formas pelas quais o *briefing* pode ser elaborado.

2.3
Formação do *briefing*

Antes de avançarmos em nossa abordagem, precisamos esclarecer que, tal como tudo o que ocorre nas áreas de ciências humanas (bem como em outras áreas), a publicidade não versa sobre verdades absolutas nem definitivas. Isso também se aplica às técnicas e aos métodos empregados pelos seus profissionais. Com isso, queremos dizer que não existe uma técnica "certa" pela qual um *briefing* deve ser elaborado, e sim orientações que foram testadas por profissionais de carreira e que costumam ser mais eficientes na hora de criar esse documento.

Certos fatores tendem a ser encarados como mais essenciais no momento de executar o *briefing*. Burtenshaw, Mahon e Barfoot (citados por Pereira, 2017) apontam seis eixos que devem ser centrais:

1. **Onde se está**: deve-se pensar a partir da ideia da marca (o cliente), avaliando-a com base no setor e no serviço prestado no momento em que o trabalho é requisitado.
2. **Aonde se quer chegar**: é preciso ter clareza sobre o objetivo das ações estratégicas que serão desempenhadas.
3. **O que se está fazendo**: trata-se do detalhamento das ações a serem desenvolvidas na estratégia.
4. **Com quem se quer falar**: deve-se considerar quem é o *target* (o público-alvo).
5. **O que vai indicar se os resultados foram atingidos**: é necessário definir quais serão as métricas utilizadas para verificar se os objetivos iniciais foram contemplados.
6. **Quais são as decisões práticas do projeto**: trata-se da descrição de elementos bastante objetivos para a execução do trabalho, tais como *budget* (orçamento), cronograma, equipe, gestão.

Tendo em vista esses fatores, temos como pensar em modelos de *briefing* que podem ser usados ou adequados pelo atendimento quando da confecção desse documento. O modelo que apresentaremos em seguida se divide em cinco eixos (empresa, produto/serviço, público-alvo, concorrência e projeto) e foi elaborado com base nas ideias trazidas por Publio (2012), Pires (2020) e Patel (2022b).

Ainda, vale lembrar que tal estrutura pode ser alterada (expandida ou diminuída) de acordo com as necessidades de cada projeto ou agência. Por fim, chamamos atenção para o fato de que algumas informações podem ser coletadas diretamente com o cliente, ao passo que outras terão de ser levantadas por meio de pesquisa feita pelo setor de atendimento.

Quadro 2.1 – Modelo para produção do *briefing*

I. Informações sobre a empresa	
Nome	Incluir o nome do cliente/da empresa, além de ser possível informar dados como nome fantasia, CNPJ e endereço.
Contatos	Listar os contatos (telefones, *e-mails*) dos responsáveis pela comunicação com a agência, apontando qual é sua função na empresa.
Breve histórico	Fazer uma pesquisa sobre a empresa, informando seu contexto e seus trabalhos anteriores. Deve-se apontar como a empresa se posiciona no mercado e quais são seus acertos e erros até o momento.
Áreas de atuação	Indicar o setor em que a empresa atua (vestuário, alimentício, serviços, transporte etc.).
Organograma/ fluxograma	Explicar como ocorre o fluxo de trabalho na empresa. É importante saber quais são os departamentos, se há um setor de comunicação e qual é a hierarquia entre as seções.
Faturamento	Informar o quanto a empresa fatura, o que pode oferecer uma noção da magnitude e da complexidade do trabalho.

(continua)

(Quadro 2.1 – continuação)

II. Informações sobre o produto ou serviço da empresa	
Nome do produto/serviço	Aqui, pode-se apontar qual produto ou serviço deve ser trabalhado no projeto.
Descrição do produto/serviço	Trata-se de descrever, objetivamente, qual é o produto ou serviço.
Propriedades do produto/serviço	Listar as características do produto ou serviço.
Histórico do produto/serviço	Contar a história do produto ou serviço dentro da empresa e no mercado. Incluir também como foi realizada a publicidade anterior sobre ele e se esta foi bem-sucedida.
Pontos de venda	Identificar onde o produto ou serviço costuma ser ofertado ao seu público.
Imagem do produto/serviço no mercado	Registrar as informações, até o momento, acerca de como tal produto/serviço é visto pelo público perante os concorrentes. Um dos objetivos é mudar essa imagem?
Preço do produto/serviço	Informar os valores médios de comercialização do produto/serviço.
Vantagens do produto/serviço	Apontar os pontos positivos do produto/serviço (e que podem ser reiterados no *job*).
Desvantagens do produto/serviço	Apontar os pontos negativos do produto/serviço (e que podem ser retrabalhados no *job*).
Como o produto/serviço é usado	Explicar os hábitos de uso do produto/serviço.

(Quadro 2.1 – continuação)

Frequência de uso do produto/serviço	Indicar a periodicidade (diária, mensal, anual) do produto/serviço anunciado. Há alguma sazonalidade nesse uso (produtos que costumam ser comprados em datas específicas, por exemplo, ou em determinadas fases do ano)?
Fabricação do produto/serviço	Inserir informações sobre fornecedores, matéria-prima e outros setores envolvidos.
Legislação	Informar se o produto ou serviço pode estar envolvido em alguma legislação que restrinja sua circulação ou sua comunicação.
III. Informações sobre o público-alvo	
Perfil do consumidor	Listar informações sobre o consumidor médio: sexo, idade, profissão, classe social, escolaridade, posicionamentos sociais/políticos, valores etc. A empresa tem dados sobre isso ou se baseia em achismos?
Hábitos do consumidor relativos à compra	Indicar a periodicidade da compra do produto/serviço, o que envolve quantidade, preferências etc.
Razões de compra	Identificar por que o consumidor tende a comprar determinado produto/serviço. Essa decisão é mais racional (algo de que ele precisa) ou mais emocional (algo que ele deseja)?
Ticket médio	Verificar quanto os clientes gastam, em média, na compra do produto/serviço.

(Quadro 2.1 – continuação)

IV. Informações sobre a concorrência	
Principais concorrentes	Com quem esse produto/serviço concorre (direta ou indiretamente)?
Preços praticados pelos concorrentes	Listar informações sobre os valores cobrados pelos principais concorrentes. Isso é importante e ajuda a esclarecer como o cliente está posicionado no mercado.
Vantagens dos concorrentes	Em relação ao cliente, quais são os pontos positivos de seus principais concorrentes?
Desvantagens dos concorrentes	Em que os concorrentes ficam atrás em relação ao cliente?
Propaganda utilizada	Como os concorrentes anunciam seus produtos e serviços? Qual é a qualidade dessa comunicação?
V. Informações sobre o projeto	
Objetivo do projeto	Qual é o objetivo do projeto que o cliente solicita? O que ele pretende atingir? Aqui, pode-se indicar quais seriam os objetivos principais e os secundários.
Pedido do projeto	Descrever com clareza o que está sendo requisitado à agência.
Prioridade do projeto	É possível que o *job* entre em uma continuidade de requisições feitas pelo cliente à agência. Por essa razão, neste item, deve-se indicar qual é a urgência na execução desse projeto específico.
Prazos do projeto	Apontar o prazo em que o projeto deve ser executado.

(Quadro 2.1 – conclusão)

Orçamento	Incluir informações a respeito dos recursos financeiros disponíveis para a execução do projeto.
Público-alvo	Com quem se espera que o projeto dialogue? Com o público médio da empresa ou deve ser direcionado a algum setor específico? Pretende-se conquistar novos públicos?
Indicadores de resultados	Apontar quais serão os *key performance indicators* (KPIs), ou indicadores de resultados. Isto é, deve-se considerar de que modo a efetividade do projeto será mensurada.

Fonte: Elaborado com base em Publio, 2012; Pires, 2020; Patel, 2022b.

Todas as informações inseridas no *briefing* – quando bem coletadas e explicadas – devem fornecer a base para que os demais setores da agência tenham condições de executar a contento suas funções. Além disso, a presença do cliente nessa etapa é fundamental, posto que ele será capaz de informar dados que farão o *briefing* operar de forma mais assertiva e coerente com a realidade.

2.4
Informações adicionais do *briefing*

Anteriormente, comentamos que o *briefing* é um mecanismo vivo que serve para orientar e otimizar o trabalho de todos os setores da agência. Por ser dinâmico, sua estrutura pode ser modificada conforme as necessidades que forem surgindo pelo caminho – por exemplo, os tipos específicos de projetos e as novas demandas requisitadas para a agência.

Isso significa que certos trabalhos precisarão de complementos no modelo de *briefing*, justamente porque funcionam de acordo com lógicas particulares que precisam ser observadas desde o início.

Nesta seção, portanto, abordaremos alguns quesitos adicionais que podem constar no *briefing* conforme a natureza do projeto. A ideia é que eles sejam agregados ao modelo recém-apresentado.

∴ Gestão em redes sociais

Os projetos de gestão em redes sociais envolvem um fluxo mais contínuo e adequado ao ritmo de cada rede. Por isso, é importante ter a noção exata do que está sendo combinado entre cliente e agência (Quadro 2.2).

Quadro 2.2 – Modelo sugerido para *briefing* de gestão em redes sociais

Objetivo da ação	Apontar qual é o objetivo do trabalho a ser feito. Por exemplo: aumentar seguidores, vender cursos, vender produtos, captar *leads*.
Redes sociais	Descrever quais são as redes sociais usadas pela empresa e que serão trabalhadas pela agência e informar qual é a situação atual delas (Estão sendo atualizadas, bem trabalhadas ou não? Por quê?)
Tom de voz	As redes sociais costumam envolver um tipo de linguagem publicitária específica, mais informal e capaz de estimular a proximidade. Por isso, deve-se estabelecer o tom de voz a ser usado no projeto. Por exemplo: corporativo, humorístico, jovem, descolado.

(continua)

(Quadro 2.2 – conclusão)

Vantagens atuais	Identificar os pontos positivos no uso das redes sociais do cliente.
Desvantagens atuais	Identificar os pontos negativos no uso das redes sociais do cliente.
Anúncios	Há verba para anúncios? Qual?
Número de postagens	Quantas postagens serão realizadas pela agência? Qual será a periodicidade? De que tipo elas serão?
Referências	Pedir ao cliente três referências de redes sociais que ele considera de qualidade.
Referências ruins	Pedir ao cliente três referências de redes sociais que ele considera ruins.
Serviços solicitados	As redes sociais são múltiplas e podem abranger trabalhos de diversas complexidades. Logo, deve-se combinar com o cliente se ele solicitará demandas que trarão custos adicionais (produção de fotos, edição de vídeos etc.).

∴ Produção de identidade visual

O *job* requisitado pode contemplar a execução de uma nova marca ou de uma nova identidade visual do cliente. Nesse tipo de demanda, o foco deve estar, sobretudo, em informações que podem levar a *insights* do setor de criação (Quadro 2.3).

Quadro 2.3 – Modelo sugerido para *briefing* de identidade visual

Objetivo do projeto	O que se pretende obter com a nova identidade visual? Por exemplo: maior reconhecimento e autoridade no mercado, transmissão de determinados valores.
Visão do projeto	Que mensagem se pretende passar com a nova identidade visual?
Público-alvo	Quem é o *target* da marca? A identidade nova pretende atingir novos públicos?
Adjetivos	Citar três adjetivos para o produto/serviço oferecido pela empresa.
Adjetivos excluídos	Citar três adjetivos que não devem ser associados à empresa.
Marca anterior	Já existe uma identidade visual anterior? Por que se quer mudá-la?
Slogan	Há um *slogan*? É preciso usá-lo ou criar um novo?
Referências	Apontar ao menos três marcas ou identidades visuais vistas como referências positivas para o cliente.
Aplicação da marca	Apontar onde a marca pretende ser usada. Por exemplo: redes sociais, embalagens, *sites*, *banners*.

∴ Promoção de vendas

A publicidade destinada a uma ação promocional é aquela que utiliza métodos e técnicas que visam aumentar a venda de um produto ou serviço em um tempo determinado. Na maioria das vezes, não demanda investimentos tão altos quanto campanhas mais complexas. De toda forma, sua efetividade depende de uma estratégia bem elaborada – o que se vincula a um *briefing* bem-feito (Quadro 2.4).

Quadro 2.4 – Modelo sugerido para *briefing* de promoção de vendas

Objetivo da ação	Qual é o objetivo da ação? Por exemplo: aumentar a venda do produto/serviço, incentivar a venda de um novo produto/serviço, conquistar determinada fatia do público.
Público	A quem a ação pretende atingir?
Tipos de promoção	Quais estratégias serão usadas para aumentar as vendas? Por exemplo: descontos, prazos especiais, brindes, sorteios.
Período	Por quanto tempo a ação será veiculada?
Legislação	Promoções costumam obedecer à legislação rígida estabelecida pelo Código de Defesa do Consumidor. Por isso, é preciso verificar as regras aplicáveis ao segmento da empresa.
Regulamento	É necessário elaborar o regulamento da promoção, a fim de evitar processos de consumidores que se sentirem enganados.
Meios de comunicação	Quais meios serão usados para a ação? Por exemplo: redes sociais, panfletos, anúncios, carro de som.
Verba disponível	Qual montante o cliente poderá investir na ação?
Mensuração dos resultados	Descrever de que forma o resultado da ação será mensurado, para que depois seja possível apresentar esse retorno ao cliente e à agência.

Curiosidade

Hack the Brief é uma ação desenvolvida pelo Facebook em parceria com a consultoria 65|10 e que faz parte do projeto Ads 4 Equality. Ela propõe a criação de um novo modelo de *briefing* mais centralizado nos consumidores – que, vale lembrar, são muitos diversos e plurais.

Ou seja, esse modelo força que agências e clientes pensem diretamente naqueles com quem querem se comunicar, mas também imaginem formas de contemplar aquela camada da população que está historicamente à margem do universo do consumo. Desse modo, torna-se possível pensar em uma publicidade mais diversa e ética, que não tolha os direitos humanos ao disseminar estereótipos sobre minorias.

Antes de se voltar ao *briefing* em si, o projeto sugere que os profissionais façam algumas reflexões iniciais. São elas:

- **Conhecimento, questionamento e expansão do *target***: Quem realmente são as pessoas que consomem aquele produto ou serviço? Quem poderia consumir o produto mas, por conta de questões sócio-históricas, não é atingido pela publicidade? Quais questões são enfrentadas por esse público-alvo? De que modo os problemas sociais o atingem? É possível incluir as pessoas que atualmente estão excluídas dessa comunicação?
- **Estratégias diferentes para públicos diferentes**: historicamente, a publicidade se concentrou em mensagens amplas o suficiente para englobar vários tipos de pessoas.

Mas, hoje, é possível criar mensagens bastante direcionadas para esses *microtargets*. Isso é importante uma vez que aumenta as possibilidades de conexão com pessoas distintas – algo que deve ser considerado pelo *briefing*.

- **Comunicação eficiente com o *target***: a noção das especificidades pode abrir espaço para novas soluções comunicacionais além daquelas já testadas. Por consequência, serão geradas mais condições que possibilitem a construção de uma publicidade mais inclusiva, isto é, que fuja de estereótipos e, por isso, seja mais eficiente com o público.
- **Atenção à "linha de produção"**: se a intenção é uma comunicação mais inclusiva – e, consequentemente, mais efetiva –, é necessário considerar quem são os envolvidos na produção publicitária. Isso significa que uma campanha voltada para mulheres, por exemplo, certamente deverá contar com mulheres envolvidas no trabalho. O mesmo se aplica a qualquer grupo minoritário de poder (como negros, integrantes dos grupos LGBTQIA+ ou pessoas com deficiência). Em outras palavras, se quisermos diversidade, será mandatória que ela esteja presente no processo, pois só assim será possível contar com diferentes pontos de vista na campanha.
- ***Checklist* do desastre**: sempre que possível, é importante prever possíveis problemas que venham a surgir durante a execução da campanha. Por exemplo: ao representar determinado público em seu próprio ambiente de trabalho, deve-se estar ciente dos estereótipos referentes a esse

público e que sejam comuns na publicidade, a fim de que se torne mais fácil evitá-los.
- **Tentativa e erro**: as práticas recém-descritas visam gerar uma publicidade mais ética, diversa e representativa. No entanto, sempre podem ocorrer problemas, afinal, trata-se de um novo caminho para a produção. Por vezes, é melhor recorrer a tais práticas em *jobs* específicos, para aprender novas soluções que poderão ser usadas em outros projetos.

Hack the Brief: sugestão de modelo de *briefing*

O *template* Hack the Brief sugere que os seguintes fatores sejam respondidos no *briefing*:

- **Campanha**: O que a marca quer comunicar ao público? Por que isso é importante?
- **Marca**: Como a marca se conecta com os anseios do público?
- **Produto**: De que forma o produto poderá solucionar um problema ou uma demanda do público?
- **Sociedade**: Qual é o contexto em que o público vive? Se for uma minoria, como a marca impacta a vida dessa parcela da sociedade? O que está acontecendo em um âmbito social mais amplo e de que modo a marca participa disso?
- **Pessoas**: aqui, a sugestão é pensar no público de maneira mais expandida e menos restrita, contemplando a diversidade e descartando os estereótipos. Ou seja, quais são os problemas do público e que a marca pode ajudar a solucionar?

2.5
A reunião: técnicas para a coleta de dados com o cliente

Neste ponto, você já sabe quais são os principais elementos que devem estar presentes no *briefing*. Como vimos, algumas das perguntas nele contidas serão preenchidas diretamente pelo profissional de atendimento, com base em sua pesquisa. Mas várias outras dependem de informações a serem coletadas com o cliente.

Assim, adentramos agora em uma seara um tanto complexa: lidar com pessoas. Os profissionais de atendimento, como abordamos no capítulo anterior, normalmente encontram certa facilidade nesse trato: costumam ser pacientes, educados, articulados, gentis e capazes de mediar possíveis conflitos. Não obstante, certas situações podem ocorrer até que se atinja essa condição. Por isso, o ideal é preparar-se para esse momento.

Primeiramente, vale esclarecer como o contato com o cliente costuma transcorrer no trabalho cotidiano em agências de publicidade. O setor de atendimento pode conversar com o contato na própria empresa, em momentos diversos e de formas diferentes:

- em **reuniões formais**, na agência, na empresa ou em lugares externos;
- em **situações mais informais**, como almoços ou cafés;
- em conversas por telefone ou em chamadas de vídeo, em situações de **comunicação síncrona**;

- em conversas por dispositivos digitais, como trocas de *e-mail* ou via ferramentas como WhatsApp ou Telegram, em situações de **comunicação assíncrona**.

Neste momento, você pode estar se perguntando: Como é possível que haja algum ruído nessa comunicação, uma vez que a agência foi contratada para realizar um serviço que é de interesse direto do cliente? Assim como tudo o que envolve nossa vida pessoal, as interações são dinâmicas e muitas vezes imprevisíveis. Desse modo, podem acontecer certas coisas que precisarão de uma intermediação inteligente pelo profissional do atendimento.

Primeiramente temos de lembrar que o cliente muito provavelmente não tem formação em Publicidade, isto é, ele não domina a "linguagem" tipicamente utilizada na profissão (logo, pode não compreender jargões, termos técnicos etc.). Por outro lado, também é possível que ele apresente muita dificuldade em expressar aquilo que deseja, talvez até mesmo por falta de um vocabulário que lhe permita expressar isso. Da mesma forma, pode ser que ele não tenha muita noção da complexidade do que está pedindo e que, por isso, exija prazos impraticáveis.

Enfim, várias coisas podem ocorrer ao longo do processo. Essa realidade reitera a importância de recorrer a estratégias que otimizem o trabalho, ou seja, que facilitem sua execução em tempo viável e de modo eficiente.

Na sequência, apresentamos algumas orientações úteis para garantir o sucesso do projeto:

- As reuniões são importantes, pois permitem que os interlocutores se comuniquem diretamente e troquem ideias. Pires (2020) aponta que é preciso ter **assertividade** nesse momento: perguntar tudo ao cliente, tirar todas as dúvidas e anotar o que está sendo dito.
- Quando as reuniões se dão na própria agência, **o cliente tem chance de ver como o trabalho funciona** e checar as diversas etapas envolvidas em algo que talvez, aos olhos dele, pareça muito simples. Isso pode gerar efeitos positivos nas expectativas dele – por exemplo, o cliente pode entender que nem tudo pode ser feito "para ontem", pois há um fluxo de trabalho.
- Novamente, Pires (2020) esclarece que **receber o cliente na agência é sempre um momento especial**, "como aquele dia em que recebemos uma visita em nossa casa. Tudo precisa estar perfeito [...]. Podemos relacioná-la com um dia em que alguém vai se casar, pois são momentos decisivos na rotina da agência" (Pires, 2020, p. 30).
- O profissional de atendimento sempre deve estar bem apresentado nessa ocasião – de acordo com o estilo da agência e com as expectativas do próprio cliente. Por exemplo: se o cliente é uma empresa muito formal e seu representante é muito sisudo, parece incongruente encontrar-se com ele usando roupas excessivamente informais e descoladas, mesmo que esse seja o "jeito" da agência. É preciso sempre lembrar que o **atendimento é a cara do negócio**.

- A **postura proativa**, ou seja, em que se busca resolver e até mesmo se adiantar aos problemas, é sempre recomendada. Se muito do que o cliente está apresentando são reclamações, convém propor soluções, em vez de apenas ouvi-lo ou, pior, juntar-se a ele.
- Antes de ter qualquer contato com o cliente, é importante que o profissional se assegure de que **conhece a fundo o negócio em questão**. Ainda, é preciso dominar aspectos referentes à área de atuação da empresa. Isso é fundamental, pois garante que as conversas sejam muito mais eficientes e que o cliente não precise explicar coisas básicas (pois, além de tomar o tempo de ambos, isso pode até mesmo irritá-lo). Conhecê-lo profundamente também significa ter interesse por ele, o que é um fator essencial para que qualquer relação flua bem.
- Caso a comunicação seja assíncrona (ou seja, os interlocutores não estejam conversando no mesmo momento, como ocorre, por exemplo, via *e-mail*), é necessário **priorizar a agilidade**. Ninguém gosta de esperar muito tempo pelas respostas às suas dúvidas. Jamais deixe o cliente "no vácuo".
- O atendimento não precisa estar disponível em todas as horas possíveis do dia – como em momentos de lazer ou aos fins de semana. Para resolver isso, basta ir direto à raiz: **explicar ao cliente qual é a rotina do profissional**, quais são seus horários e quando estará disponível para responder ou conversar.

∴ Possíveis entraves na relação com os clientes

Ora, se o profissional de atendimento é, acima de tudo, um vendedor de ideias, isso significa que seu capital de atuação é essencialmente humano, e lidar com pessoas, como sabemos, nem sempre é uma tarefa fácil.

Por isso, é importante precaver-se de entraves que possam surgir na relação agência-atendimento-cliente. Uma vez que o setor de atendimento atua em uma tarefa de mediação, seus integrantes precisam se manter em constante vigilância quanto à qualidade dessa relação, além de saber como se portar nela da melhor forma possível.

Como já esclarecemos, o atendimento é o setor que mais estará em contato com o cliente, o que poderá ocorrer de várias formas: *e-mail*, WhatsApp, telefone, reunião, encontro, troca de documentos etc. Assim, é necessário estabelecer algumas "regras", para que nenhum dos lados se frustre nessa relação.

Curiosidade

A profissional de atendimento Camila Mazza (2022) afirma que muitas vezes ocorre alguma dificuldade na hora de preencher o *briefing* com o cliente. Como as campanhas atuais são complexas, envolvendo diversos canais de comunicação e uma grande segmentação de objetivos, é possível que um único modelo de *briefing* não seja o bastante.

> Ela pontua que o atendimento, por vezes, enfrenta o seguinte problema: nem sempre os clientes entendem a necessidade de usar novos canais de comunicação, pois estão muito atrelados às mídias tradicionais. Portanto, é preciso conscientizá-los da relevância atual desses novos espaços.

De acordo com Pires (2020), um dos grandes desafios do trabalho nesse setor é entender que a máxima "o cliente tem sempre razão" nem sempre funciona na publicidade. Pelo contrário: a solicitação dele pode não se referir exatamente ao que ele precisa. Nesse caso, o atendimento deverá ter jogo de cintura para fazê-lo entender que há opções melhores além da que ele está indicando.

Um temor recorrente relacionado ao fluxo de trabalho em uma agência é que um *job* fique parado, pois isso denota que algo deve estar acontecendo e impedindo que a solicitação tenha o encaminhamento necessário. Esse cenário pode ser explicado por diversas razões, a saber:

- o cliente não enviou as informações solicitadas;
- as informações transmitidas ao setor de criação são insuficientes – há uma falha entre o atendimento e a criação;
- a demanda de trabalho está excessivamente alta – nessa situação, é provável que haja um desajuste no acordo estabelecido entre cliente e agência sobre a quantidade de *jobs* possíveis;
- o fluxo de informações com outros setores da agência está travado e, por essa razão, o trabalho não tem seguimento.

Dessa forma, podemos concluir que o setor de atendimento terá um papel crucial no gerenciamento das atividades executadas diariamente na agência. Para que o trabalho ocorra tranquilamente e cumpra uma de suas funções centrais – a de facilitar a vida de todos os demais setores –, uma estratégia interessante para o profissional de atendimento, segundo Pires (2020), é fazer o caminho inverso, ou seja, estabelecer o que não faz parte do atendimento. A autora sugere as seguintes reflexões:

- **Incoerência e falta de ética**: não é aceitável, por exemplo, que o atendimento fale mal de seu cliente ou negligencie suas demandas.
- **Negligência com o tempo e com as responsabilidades**: o atendimento se compromete a entregar tudo o que prometeu ao cliente.
- **Mentira ou engano de qualquer tipo**: não é permitido esconder situações do cliente.
- **Falta de espírito de cooperação**: o trabalho do atendimento depende diretamente do esforço conjunto com outros setores.

Por fim, apresentamos a seguir algumas orientações que visam colaborar para que o trabalho nesse setor aconteça da melhor forma possível, em uma relação satisfatória para o cliente e produtiva para toda a agência:

- **Priorize a escuta ativa**: mesmo que você já tenha atendido centenas de clientes e que todos eles expressem pedidos parecidos, escute-o atentamente e manifeste interesse. Procure ouvi-lo com tranquilidade antes de começar a fazer sugestões.

- **Pergunte**: caso alguma solicitação do cliente não esteja clara, pergunte novamente. Qualquer problema nessa comunicação ocasionará entraves no *briefing*.
- **Aprenda a "traduzir"**: boa parte do trabalho do atendimento é voltada à "tradução simultânea" entre os termos usados pelo cliente e os termos técnicos empregados na agência.
- **Tenha conhecimentos técnicos e operacionais**: não é porque o profissional de atendimento trabalha essencialmente com pessoas que ele não precisa estar preparado para, por exemplo, operar *softwares*. Em algum momento, é possível que esse colaborador tenha de expressar graficamente aquilo que o cliente está sinalizando.
- **Conheça diferentes negócios**: os clientes serão inúmeros e provavelmente atuarão em áreas diferentes – educação, vestuário, setor de alimentação etc. Por essa razão, é necessário estar ciente das diferentes nuances concernentes aos diversos setores, a fim de melhor compreender o cenário do cliente.
- **Antecipe demandas**: um bom profissional de atendimento é capaz de propor ideias que vão além do que o cliente solicitou.
- **Antecipe-se quanto aos resultados**: mantenha-se atualizado sobre os resultados gerados pelo trabalho em execução. Não espere o cliente pedir por eles – normalmente, isso acontece quando ele está insatisfeito e cogitando deixar a agência.
- **Registre as informações**: o histórico do cliente na agência deve estar organizado e sempre acessível. Desse modo, é possível verificar o que foi feito para ele e, até mesmo, identificar novos trabalhos a serem realizados.

Mesmo que se observem todas essas recomendações, é impossível presumir que não haverá algum eventual atrito no contato com o cliente. Afinal, todas as relações humanas implicam situações de resolução de conflitos por meio de ajustes. Sob essa ótica, Tamanaha (2011) destaca que o conflito é inevitável, pois cada uma das partes (agência e cliente) tem os próprios interesses.

Esse panorama se intensifica na medida em que, nessa relação específica, o contratante (o cliente) tem relativamente mais poder que o contratado (a agência). Logo, é mais fácil o cliente romper com a agência do que ocorrer o contrário – e isso, inevitavelmente, lhe proporciona algumas vantagens.

A grande questão, portanto, é que o profissional de atendimento deve ter habilidades para lidar com essa comunicação de forma adequada e respeitosa, mas sem se tornar subserviente ao cliente. É necessário saber lidar com suas demandas, mas, ao mesmo tempo, saber como discordar dele sem que ele se sinta atacado. Caso surja algum conflito (o que, como já informamos, costuma acontecer), o atendimento deverá dispor das habilidades necessárias para minimizá-lo.

2.6
O papel do tráfego

Nas agências (especialmente, nas maiores, que têm um grande número de funcionários), existe um setor chamado de **tráfego**, cuja função central é a de organizar o trânsito entre os trabalhos e as demandas. Essa ordenação pode ser crucial em uma empresa com alta quantidade de campanhas e *jobs*, pois, isoladamente, os profissionais envolvidos nem sempre terão clareza de quais pedidos são mais urgentes.

Nesse sentido, Sant'Anna (1998, p. 265) destaca que o profissional desse setor deve orientar o fluxo e, assim, garantir que os trabalhos assumidos sejam cumpridos da melhor forma possível.

> Os trabalhos a executar nos diferentes serviços deverão ser feitos segundo a sua ordem de urgência e compete ao tráfego fixar essa ordem, fazendo assim a previsão necessária. O vaivém dos empregados entre os vários departamentos é suprimido, ou pelo menos reduzido às deslocações essenciais às tomadas de contato direto indispensáveis, uma vez que cabe ao tráfego efetuar retiradas e fazer as entregas dos PS em andamento. Ele executa assim uma tarefa de orientação. Através das fichas ou do quadro o tráfego tem um controle instantâneo dos prazos de execução. No momento de organização inicial dos PS, o tráfego informa-se junto aos serviços interessados dos prazos de execução necessários e, depois de levar os Ps à aprovação do chefe de grupo, faz com que implicitamente todos observem os prazos estipulados.

Em uma etapa tão importante quanto a da realização do *briefing*, que funcionará como o meio do caminho entre o planejamento e a execução da campanha, será essencial que o tráfego opere de forma competente em sua função. Mesmo que boa parte do trabalho de construção desse documento seja centralizado em outros profissionais (em especial, do atendimento), será necessário promover um monitoramento da execução das tarefas estabelecidas. Portanto, caberá ao profissional do tráfego:

- criar uma **metodologia** para organizar os processos;
- cuidar da **integração** dos diversos setores de agência;
- monitorar se a **comunicação** entre os setores está fluindo;
- prezar pela **agilidade** na execução do trabalho;
- **analisar e filtrar o** *briefing*, verificando se há dúvidas, se os prazos estão corretos etc.;
- **conferir as artes** enviadas pela criação, checando se estão coerentes com o *briefing*;
- assegurar-se de que nenhum *job* **seja esquecido** durante o processo.

Síntese

Neste capítulo, abordamos a centralidade do *briefing*, documento que norteará os rumos de todo o trabalho executado na agência. Diferentemente do que se pode imaginar, a confecção do *briefing* engloba técnicas e o uso de metodologias, como entrevista e pesquisa.

Em uma agência de publicidade, o profissional responsável por realizar o *briefing* é o atendimento, que deve coletar todas as informações e fazer a intermediação entre o cliente e todos os setores envolvidos em um trabalho. Por conta da natureza mediadora dessa função, é imprescindível que esse profissional desenvolva habilidades de escuta, comunicação e negociação e, ainda, que tenha noção de que, para o cliente, ele será "a cara da agência".

Para finalizar, tratamos de algumas técnicas que podem ser usadas pelo setor de atendimento no contato com os clientes, a fim de garantir que a relação entre agência e cliente ocorra sem entraves. Essa prática facilita o fluxo de trabalho para todos os componentes da agência.

Questões para revisão

1. Avalie as afirmações a seguir a respeito da elaboração do *briefing*:
    I) O setor de mídia não costuma receber o *briefing*.
    II) O tráfego é responsável por conectar os setores e fazer com que todos recebam o documento.
    III) O *briefing* é elaborado apenas por meio de entrevistas com o cliente.
    IV) É preciso escrever muitas informações no *briefing*, para assegurar que todos entendam o que consta no documento.

    Agora, assinale a alternativa que indica apenas as afirmações corretas:

    a) I e II.
    b) II.
    c) III.
    d) I, II, III e IV.
    e) I e IV.

2. (Copeve – 2014 – Ufal) No universo das grandes agências, o *briefing* é um instrumento largamente conhecido e utilizado no processo de elaboração de campanhas; contudo, ainda existe um grande contingente de agências (na sua maioria pequena e média), que pecam por não trabalhar com esse instrumento de extrema importância, que pode fazer a diferença no acerto da campanha. Assinale a alternativa correta a respeito do conceito de *briefing*.

a) Veículo (jornal ou revista) de uma empresa ou entidade. Ele geralmente é concebido para divulgar os fatos e as realizações da empresa ou entidade e pode assumir diferentes configurações, dependendo do público a que se destina.

b) Sinônimo de material jornalístico como notícia, artigo ou reportagem. É uma construção social nascida de um fato novo de interesse público. Tem que ser um fato e tem que ser novo.

c) Documento que contém todos os elementos e subsídios necessários para orientar a agência no processo de criação de campanhas e na determinação dos meios de comunicação mais eficientes.

d) É uma ferramenta usada na atividade de assessoria de imprensa.

e) Evento midiático onde uma assessoria de imprensa convida jornalistas para transmitir-lhes alguma informação, frequentemente abrindo espaço para que estes façam perguntas acerca do assunto.

3. (Núcleo de Computação Eletrônica da UFRJ – 2007 – Anac) A definição abaixo que **não** se aplica à noção de *briefing* é:
   a) "Resumo, em inglês. Documento contendo a descrição da situação da marca ou empresa, seus problemas, oportunidades, objetivos e recursos para atingi-los. Base do processo de planejamento";
   b) "Chama-se *briefing* às informações preliminares contendo todas as instruções que o cliente fornece à agência para orientar os seus trabalhos. É baseado nele e completado com as informações de pesquisas que se esboça o planejamento publicitário";
   c) "Em seu conceito mais simples e direto, *briefing* significa a passagem de informação de uma pessoa para outra, especialmente do anunciante para o executivo de Atendimento e deste para os demais profissionais envolvidos no processo";
   d) "O *briefing* serve para (...) inspirar e alimentar ideias e soluções criativas: a Criação pode e deve utilizar as informações do *briefing* como inspiração";
   e) "O *briefing* é um documento padronizado, exclusivamente técnico, que deve conter unicamente informações detalhadas sobre o produto e seu sistema de produção a serem obtidas pelo profissional de Atendimento junto ao cliente e repassadas ao setor de Planejamento de uma agência de publicidade".

4. Explique por que um *briefing* excessivamente longo pode gerar problemas ao *job*.

5. Por ser essencialmente humana, é natural que surjam alguns atritos na relação mantida entre o setor de atendimento e o cliente. Nesse sentido, apresente algumas razões que explicam por que isso pode acontecer.

Questões para reflexão

1. O artigo "O atendimento vai salvar a publicidade", escrito por Mateus Laurino (2019), traz uma provocação sobre a necessidade de valorizar o trabalho do atendimento, muitas vezes visto como uma tarefa menor na agência. A esse respeito, reflita: Por que isso acontece? Como esse setor poderia ser mais respeitado?

2. É comum que o trabalho de coleta de informações e de acompanhamento do cliente de uma agência eventualmente se torne difícil. Pense: Você tem as habilidades necessárias para esse trato? Quais são elas?

Capítulo
03

A pesquisa para o *briefing*

Conteúdos do capítulo:

- Pesquisa de mercado.
- *Benchmarking*.
- Análise SWOT.

Após o estudo deste capítulo, você será capaz de:

1. identificar os diferentes tipos de pesquisa de mercado;
2. compreender e utilizar as ferramentas para a realização da pesquisa;
3. produzir uma análise SWOT.

Até este ponto, esclarecemos que o *briefing* configura uma parte central para o sucesso de uma campanha. No entanto, sua confecção vai além das conversas com o cliente para identificar suas demandas. É preciso, além disso, que os setores de atendimento e de planejamento realizem pesquisas para coletar dados sobre a empresa e o mercado em que ela se insere.

Neste capítulo, abordaremos em mais detalhes como ocorre a produção dessa pesquisa e como desenvolvê-la de modo mais produtivo, a fim de que seja possível angariar mais informações que servirão de base para uma boa campanha.

3.1
Pesquisa de mercado

No primeiro capítulo deste livro, tratamos do diagnóstico e da necessidade de realizar estudos acerca do cenário em que a empresa se localiza antes de iniciar o trabalho em uma campanha. Isso possibilita que não se confie apenas nas impressões colhidas na conversa com o cliente, pois elas podem conter equívocos, mesmo que não intencionais.

Por isso, uma etapa importante desse processo consiste na chamada **pesquisa de mercado**, que, de acordo com Pereira (2017, p. 65), "é um conjunto de métodos e técnicas correspondentes, voltados para o mercado. Ela pode ser aplicada para esclarecer aspectos de qualquer um dos componentes do *mix* de marketing (produto, praça, promoção e preço), em qualquer fase do ciclo de vida do produto".

Ou seja, por *pesquisa de mercado* entendemos uma série de metodologias (a exemplo das quantitativas, como formulários e pesquisas *on-line*, e das qualitativas, como entrevistas, reuniões, sondagens e grupos focais) que podem ser empregadas, de acordo com a necessidade, para compreender melhor o universo do cliente. Isso pode envolver a natureza do produto que a empresa oferta, o esclarecimento do mercado em que ela se insere, dados sobre o público-alvo etc.

É possível que esse esforço de análise aponte, até mesmo, aspectos contrários aos que o próprio cliente requisita em sua demanda. Publio (2012) afirma que, algumas vezes, uma empresa pode não querer "amarrar-se" a determinado público-alvo, na crença de que isso reduzirá suas possibilidades de venda, isto é, a organização pretende atender às necessidades de todas as pessoas. Entretanto, essa nunca é uma boa ideia, pois "é impossível atingir tal posição devido à diversidade de marcas e produtos existentes hoje em dia e também devido à diversidade de públicos existentes" (Publio, 2012, p. 70).

Isso explica por que a realização de pesquisas para compreender o mercado em que uma empresa atua consiste em um ponto fundamental para se obter uma campanha eficiente. Segundo Pereira (2017), esse levantamento pode se dar em diversas modalidades:

- **Pesquisas de dados quantitativos**: por meio delas, procura-se mensurar estatisticamente algumas características sobre o mercado. Elas levam à obtenção de números, percentuais e gráficos.
- **Pesquisas de dados qualitativos**: reúnem informações mais detalhadas sobre o público-alvo e o mercado. Costumam contar com menos informantes ou respondentes, uma vez que se pretende mapear informações em profundidade, e não em quantidade. São realizadas por meio de metodologias como entrevistas, observações e grupos focais.
- **Pesquisas exploratórias**: buscam levantar todo tipo de informação a respeito de um tema. Muitas vezes, são as pesquisas iniciais que dão início a um *briefing*, sendo posteriormente complementadas por outras metodologias.
- **Pesquisas experimentais**: envolvem "grupos de controle", nos quais são testadas algumas variáveis a fim de verificar a reação do público. Como exemplo, citamos as pesquisas realizadas com um grupo de pessoas que experimenta determinado produto em teste e informa suas impressões sobre ele.
- **Pesquisas descritivas**: detalham certos elementos sobre o consumo de um produto ou serviço. Podem utilizar métodos qualitativos ou quantitativos e visam descrever de forma mais interpretativa por que os consumidores têm certas posturas ou experiências com uma marca.

Vale lembrar que tais pesquisas não serão realizadas ao mesmo tempo, pois nem todos os *jobs* demandarão as mesmas informações. Caberá aos setores de planejamento e de estratégia, em conjunto com outros departamentos, decidir quais serão as mais recomendadas em uma situação específica.

3.2
Produtos e serviços

Vale esclarecer que, quando falamos sobre uma marca que é atendida por uma agência, isso pode significar várias coisas. Podemos estar falando tanto de **produtos**, ou seja, de bens "palpáveis" (como um objeto que pode ser adquirido), quanto de **serviços**, que de certa forma também são produtos, embora sejam menos tangíveis.

Em virtude dessa intangibilidade, muitas vezes os serviços vão requerer alguma atenção especial na abordagem feita durante um trabalho publicitário, pois os clientes de um serviço podem se sentir inseguros.

Imagine, por exemplo, um serviço qualquer que seja prestado diretamente a um cliente – vamos pensar aqui em um trabalho ofertado por um encanador. No momento de optar por esse serviço, o que levará um cliente a optar por um encanador e não por outro, entre as tantas opções disponíveis? Vários fatores podem interferir nessa decisão, como a indicação de uma pessoa conhecida ou um melhor posicionamento orgânico para pesquisas no Google.

Contudo, em muitos casos, essa tomada de decisão ocorrerá a partir da mediação da publicidade: a forma como o fornecedor daquele serviço se apresenta para seu potencial consumidor será determinante para que o cliente decida por ele.

A seguir, descrevemos alguns elementos que podem ser fundamentais na forma pela qual um serviço é reconhecido pelo seu público, segundo Ferreira Junior e Camargo (2022, p. 69):

- **Homogeneidade**: o ideal é que a qualidade dos serviços prestados não varie, repetindo-se a experiência de um cliente para o outro e, com efeito, mantendo-se um padrão.
- **Intangibilidade**: como os serviços são, por natureza, impalpáveis, é preciso criar formas de tangibilização que assegurem ao cliente sua qualidade. Isso pode concretizar-se por meio de instalações modernas e organizadas, de pessoas treinadas para fazer o atendimento, propagandas etc.
- **Indivisibilidade ou inseparabilidade**: não se separa o prestador dos serviços prestados por ele – se um serviço for bom, mas o atendimento fornecido ao cliente for ruim ou despreparado, o resultado será sempre negativo.
- **Perecibilidade**: alguns produtos podem ser perecíveis e sofrer variações de acordo com a época do ano. Por isso, sempre se sugere que as empresas ofertem descontos em períodos de baixa sazonalidade, favorecendo o consumo. Um exemplo disso é o setor de academias, cuja frequência de clientes pode ser maior ou menor a depender dos horários do dia ou da época do ano.

Portanto, um levantamento feito para um *briefing* de um *job* voltado à prestação de serviços deve considerar todos esses fatores, para ser o mais preciso possível.

3.3
Benchmarking

Fazer pesquisa de mercado envolve necessariamente olhar para a concorrência. É isso que se propõe na estratégia de *benchmarking*, que consiste na realização de pesquisas em empresas concorrentes no intuito de identificar elementos de sucesso. No *benchmarking*, compara-se o desempenho do cliente com o de outras organizações do mesmo setor, com o objetivo de identificar as melhores práticas.

Uma definição dessa estratégia seria: "processo sistemático de avaliação de organizações, produtos e serviços, desenvolvido por meio de contínua pesquisa de informações do mercado, com o objetivo de identificar as melhores práticas ou os melhores níveis de performance e superá-los" (Rabaça; Barbosa, citados por Pereira, 2017, p. 76).

Essa prática nasceu no Japão, em um período de estagnação da economia, no início da década de 1990. A partir de um relatório da Reforma Econômica Mundial (World Economy Reform), o país começou a implementar mudanças para conseguir novamente se tornar competitivo em face de outras nações. Em 1995, estratégias de *benchmarking* foram usadas com sucesso e, por meio delas, ocorreu uma reforma de gestão que inseriu o Japão no cenário da globalização, estabilizando sua economia (Patel, 2022a).

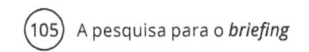

Há várias maneiras de executar o *benchmarking*, uma vez que o recurso serviria para identificar várias nuances sobre os concorrentes: pode envolver a análise de um processo, o estudo do mecanismo de um produto, a análise dos indicadores de uma empresa etc.

Normalmente, o *benchmarking* abrange algumas etapas, descritas no Quadro 3.1, a seguir, elaborado conforme explicações de Pereira (2017) e Patel (2022a).

Quadro 3.1 – Mapa das fases do *benchmarking*

Fases do *benchmarking*	
Planejamento	• Definição do objeto do estudo: o que ou qual empresa será analisada. • Constituição da equipe responsável pela análise. • Estabelecimento dos dados a serem coletados – o que pode envolver um acordo de cooperação com o concorrente.
Coleta	• Definição das técnicas usadas para a coleta. • Estabelecimento de um cronograma para as atividades. • Se a observação for *in loco*, a visita à empresa analisada deve ser realizada já com o uso do instrumento de coleta (um questionário, por exemplo).

(continua)

(Quadro 3.1 – conclusão)

Fases do *benchmarking*	
Análise	• Identificação dos diferenciais do concorrente. • Compreensão aprofundada de tais diferenciais. • Sistematização dos resultados – com prioridade a dados quantificáveis.
Adaptação	• Definição de quais áreas da empresa original precisam ser reformuladas ou adaptadas para atingir melhores resultados. • Elaboração de estratégias que visem à inserção de novas práticas.
Melhora	• Implementação das melhorias que propiciem resultados melhores que os do concorrente. • Verificação sistemática da execução do plano. • Monitoramento dos resultados decorrentes da mudança. • Reavaliação das metas, caso necessário.

Fonte: Elaborado com base em Pereira, 2017; Patel, 2022a.

Curiosidade

Um exemplo relativamente conhecido de *benchmarking* é o feito pela Coca-Cola, a gigante fabricante de refrigerantes. O exemplo é bom porque nos leva a pensar que, por vezes, o *benchmarking* não visa superar um concorrente, mas manter um patamar já consolidado por uma empresa. Além disso, mostra que a estratégia pode ser aplicada também a **concorrentes indiretos**, ou seja, a organizações que não participam do mesmo ramo do cliente.

A história da Coca-Cola é de inegável sucesso. Mas quem seria o principal concorrente da empresa? A resposta mais óbvia (mas equivocada) faz referência à Pepsi.

No entanto, a Coca-Cola já comentou que seu principal concorrente seria a água encanada, ou seja, ela disputa seu interesse com os consumidores que preferem não beber refrigerante. Mas há outros concorrentes indiretos: lojas de café (uma vez que a Coca-Cola tem cafeína e promete trazer energia ao consumidor) e sorvetes e picolés (pois ela promete também refrescar em dias quentes).

Esse diagnóstico levou a empresa a repensar questões de seu *marketing* e a lançar novos produtos, como a Coca-Cola com café, no intuito de disputar esse mercado indireto.

3.4
Análise SWOT: identificação de problemas e oportunidades

Nesta seção, abordaremos uma das técnicas mais conhecidas e tradicionais para lidar com os dados coletados sobre a empresa e o mercado em que ela se insere: a famosa **análise SWOT**.

Embora seja uma forma relativamente antiga, ela ainda é considerada bastante eficiente. Basicamente, utilizamos essa ferramenta para identificar quatro pontos centrais (note que os pontos designam o próprio nome da matriz SWOT em seu original no inglês):

- as **forças** da empresa (no original, *strenghts*);
- as **fraquezas** da empresa (no original, *weakenesses*);
- as **oportunidades** que surgem desse cenário (no original, *opportunities*);
- por fim, os **riscos** ou as **ameaças** que atingem a empresa, a depender do que for executado (no original, *threats*).

Cada um desses aspectos costuma derivar de alguma área esmiuçada na análise de macro e microambientes. Na Figura 3.1, a seguir, podemos observar visualmente como isso funciona.

Figura 3.1 – Quatro aspectos da análise SWOT

	Fatores positivos	Fatores negativos
Fatores internos	*Strengths* (forças) **S**	**W** *Weaknesses* (fraquezas)
Fatores externos	*Opportunities* (oportunidades) **O**	**T** *Threats* (ameaças)

Fonte: Elaborada com base em Pereira, 2017.

A partir da produção dessa pesquisa, será elaborado um relatório, o qual deve ser apresentado ao cliente com o resultado daquilo que se passou a conhecer com base nesse amplo diagnóstico. Para a proposição da ideia de uma ação publicitária que se pretende executar, é preciso partir da identificação das forças e das fraquezas da empresa, dos aspectos que ela pode melhorar e do que será preciso observar como possível ameaça.

No Quadro 3.2, apresentamos um exemplo de uma análise SWOT. Nesse caso fictício, o cliente que a agência visa atender é uma academia de ginástica específica para mulheres. Após o levantamento de elementos do macro e do microambiente, obteve-se a matriz a seguir.

Quadro 3.2 – Exemplo de aplicação da análise SWOT

Forças:	Fraquezas:
• Empresa localizada em uma região com índice alto de mulheres. • Reputação já consolidada na cidade.	• Os preços das associações são inacessíveis às clientes. • Muitas clientes não têm onde deixar os filhos para ir à academia. • As estratégias de comunicação usadas ainda são ineficientes.
Oportunidades:	**Ameaças:**
• Ofertar um serviço de nutrição que seja atraente para as clientes e que as faça permanecer por mais tempo na academia. • Instalar um espaço infantil com recreadores, para que as mulheres possam levar os filhos.	• Há muitas opções de academias no mesmo bairro. • Muitas clientes podem preferir fazer exercício ao ar livre, por ser gratuito.

Publio (2012) recomenda que essa apresentação seja feita ao cliente de uma forma sucinta e precisa, contendo poucos parágrafos e palavras-chave. Tal estratégia visa diminuir a possibilidade de que o cliente pense que a agência está insegura quanto ao diagnóstico que foi levantado após um trabalho tão extenso. Ainda a esse respeito, Publio (2012, p. 21) comenta que

> o mesmo deve acontecer na descrição de um diagnóstico, pois em ambos os casos – tanto do paciente quanto do anunciante – uma demonstração de insegurança pode ser extremamente prejudicial para o relacionamento, portanto é importante evitar termos técnicos de difícil compreensão, ou pelo menos explicá-los da melhor maneira possível.

Não obstante, recomenda-se que, depois de apresentar o diagnóstico da análise SWOT, seja oferecido um parecer que resuma tudo o que foi levantado e observado. Além disso, vale lembrar que os dados em si não são suficientes: o mais essencial sempre será a forma como eles serão interpretados.

Síntese

Depois de abordarmos a produção do *briefing* – bem como o uso de entrevistas com o cliente para coletar algumas das informações necessárias –, explicamos, neste capítulo, as características da pesquisa que deve ser desenvolvida durante a elaboração desse documento.

A etapa de pesquisa de mercado é fundamental, pois propicia o levantamento de informações que só são verificáveis quando olhamos mais amplamente para o contexto da empresa. Nessa ótica, várias metodologias podem ser empregadas ao longo dessa fase do trabalho. A esse respeito, tratamos da estratégia de *benchmarking*, que consiste na análise referente às qualidades dos concorrentes, assim como da construção da matriz SWOT.

Questões para revisão

1. Quando pensamos nos serviços ofertados pelas empresas, consideramos que é fundamental que eles apresentem certas características para que o cliente se sinta propenso a confiar. Sob essa perspectiva, assinale a alternativa que descreve uma dessas características dos serviços:
    a) Duração: quanto mais tempo durar um serviço, mais confiável ele será.
    b) Inseparabilidade: o prestador de serviços não se separa do serviço que ele oferta – se eu confio no prestador, provavelmente confiarei no serviço.
    c) Sofisticação: embora o serviço possa ser popular, ele tem de ser ofertado como se fosse exclusivo e luxuoso.
    d) Acesso público: os serviços gratuitos tenderão a ser sempre considerados piores que os serviços pagos.
    e) Política de descontos: os serviços sempre devem ser associados a descontos e a outras vantagens financeiras.

2. Para que serve, afinal, a análise SWOT?
   a) Para definir as características dos serviços e dos produtos ofertados por uma empresa.
   b) Para compreender detalhadamente quem é o público contemplado por determinada marca.
   c) Para analisar os diferenciais dos concorrentes de uma empresa.
   d) Para identificar as fragilidades e a força de uma empresa, assim como suas oportunidades de crescimento ou os riscos envolvidos durante esse processo.
   e) Para elaborar os elementos mais fundamentais em um *briefing*.

3. Assine a alternativa que descreve corretamente um dos aspectos da análise SWOT:
   a) Ameaças: qual é o valor financeiro que o cliente pode aplicar na campanha.
   b) Oportunidades: em face do cenário identificado, em que aspectos se pode investir em uma campanha para atingir os objetivos almejados.
   c) Concorrentes: quais são as empresas que "brigam" pelo mesmo público-alvo do cliente.
   d) Fraqueza: aspectos essencialmente humanos, como as dificuldades de gestão e as inabilidades dos funcionários.
   e) Força: onde a empresa é líder no mercado em que atua.

4. Com base no que foi estudado neste capítulo, opine: *Benchmarking* significa plagiar um concorrente? Explique sua resposta.

5. Na pesquisa de mercado, costumam ser usadas tanto metodologias quantitativas como qualitativas. Explique, em linhas gerais, a diferença entre elas.

Questões para reflexão

1. A análise SWOT é executada por métodos diversos que ajudam a levantar informações de diferentes naturezas. Reflita sobre quais formas você usaria para apurar os dados e preencher os aspectos da matriz.

2. A técnica do *benchmarking* foi inventada no Japão e pode ser bastante útil para planejar a execução de uma campanha. Imagine a quais métodos você recorreria para mapear os concorrentes do cliente caso não houvesse muita abertura para isso.

Capítulo
04

Objetivos e metas no *briefing*

Conteúdos do capítulo:

- Objetivos e metas.
- Posicionamento da empresa.
- *Target*.
- *Stakeholders*.

Após o estudo deste capítulo, você será capaz de:

1. estabelecer objetivos e metas para uma campanha de comunicação;
2. analisar o público-alvo de uma campanha;
3. identificar o posicionamento de uma empresa e mapear seus *stakeholders*.

Uma das partes fundamentais do planejamento de uma campanha é o estabelecimento de objetivos e metas. Isso porque todo o trabalho pode se tornar infrutífero caso não haja clareza de seu motivo – seria como atirar flechas sem ter um alvo.

Assim, neste capítulo, abordaremos a consolidação desses objetivos e versaremos sobre as melhores estratégias para construí-los. Em seguida, discutiremos acerca do posicionamento da marca, de seu público-alvo e dos *stakeholders*.

4.1
Objetivos e metas de uma campanha

Quando pensamos em diagnóstico e planejamento de uma campanha, também estamos considerando os objetivos e as metas que ela deve cumprir. Afinal, como já mencionamos, todo trabalho publicitário sempre está em prol de algo – mesmo que seja concretizar algo que ainda não existe. Por conta disso, as campanhas publicitárias sempre devem ser mensuradas de acordo com alguma métrica ou metodologia.

Em outras palavras, para que um *job* possa chegar ao mundo e "dar certo", é preciso saber exatamente a que ele se presta. Assim, é necessário pensar em **objetivos**, que, segundo Pereira (2017), podem ser vistos sob três diferentes esferas:

- **Objetivos de marketing**: envolvem caminhos a serem percorridos em curto, médio e longo prazos para identificar as necessidades dos diferentes mercados. Costumam descrever aspectos relacionados ao produto, ao preço, à distribuição e à comunicação.
- **Objetivos de comunicação**: sistematizam, da forma mais clara possível, as etapas da divulgação do produto no mercado.
- **Objetivos publicitários**: abrangem globalmente os objetivos de marketing (mais voltados ao consumo e à venda) e de comunicação (referentes aos esforços para "moldar" a visão a respeito de certo produto ou marca).

Portanto, quando iniciamos um *job*, devemos determinar de maneira clara para todos os envolvidos qual seria o objetivo final da ação que está sendo planejada. Isso é essencial porque será com base nos objetivos que pensaremos as estratégias empregadas para atingi-los. Nas palavras de Sant'Anna (1998, p. 113, grifo do original):

> O estabelecimento de objetivos é fundamental para a formulação da estratégia de propaganda. O ideal é que a meta seja anunciada em vendas monetárias ou lucros, o que não é uma tarefa difícil. A propaganda é apenas uma parte do todo do

marketing e portanto é difícil estimar os resultados a partir somente do planejamento publicitário.

Antes de avançarmos, vale esclarecer a diferença entre *objetivos* e *metas*, uma vez que é comum que as duas palavras apareçam juntas, embora nem sempre representem a mesma coisa. Publio (2012) elencou uma série de definições propostas por diversos autores no intuito de delimitar o significado de ambos os termos.

Quadro 4.1 – Objetivos e metas de campanha

Objetivos	Metas
• Tendem a ser analisados de forma mais ampla, a exemplo de um resultado visado a médio e longo prazo. • Funcionam como uma espécie de marco orientador de uma organização ou ação. • São observados em termos mais qualitativos (embora se recomende recorrer a métricas mais quantitativas, para não se correr o risco de incorrer em abstrações).	• Podem ser mais restritas e mensuradas em uma janela de espaço e tempo bem específicos. • Operam como alvos determinados rumo a algo que se deseja obter (o que pode ocorrer ou não). • São observadas de modo mais quantitativo.

Fonte: Elaborado com base em Publio, 2012.

Definir os objetivos e as metas nem sempre será uma tarefa fácil, mas é imprescindível estabelecê-los. Uma razão bem plausível que justifica essa necessidade já no começo de um novo projeto é que o trabalho publicitário não é individual, mas coletivo. Portanto, ter clareza sobre as metas e os objetivos permitirá que todos os participantes do projeto tenham noção do que se busca atingir.

Importante!

Para ilustrar nosso entendimento acerca de objetivos e metas, utilizaremos um exemplo fictício de uma campanha executada por determinada agência de publicidade. Vamos supor que a empresa visa aumentar sua fatia em um mercado já bastante concorrido. Assim, ela procura a agência com a intenção de elaborar uma estratégia que lhe possibilite obter esse resultado. Nesse sentido, poderíamos pensar nos objetivos e nas metas listados a seguir.

Objetivos:

- dominar o mercado de maquiagem entre consumidores das classes A e B;
- associar valores de luxo e qualidade ao produto ofertado pela marca;
- melhorar a comunicação da marca em redes sociais.

Metas:

- aumentar o *ticket* médio entre as clientes da marca, de R$ 200 para R$ 500;
- contratar influenciadoras digitais que trabalhem como embaixadoras da marca;
- captar 100% mais *leads* (os potenciais clientes de uma marca), ou seja, dobrar os contatos de potenciais clientes que podem vir a consumir a marca.

....

Esse exemplo deixa claro que metas são mais "palpáveis" que objetivos, embora isso não signifique que elas sejam fáceis de serem definidas. A esse respeito, Sant'Anna (1998, p. 114) sugere algumas questões que devem ser feitas na hora de estabelecê-las:

— Esperamos que a propaganda realize uma venda imediata?

— Ou sua finalidade é tornar mais conhecidos o nome da empresa ou a marca do produto?

— Tem a propaganda como finalidade essencial lançar um novo produto?

— Ou esperamos que ela crie uma preferência ou predisposição (emocional ou racional) em benefício de nosso produto, a fim de que, numa determinada posição, a preferência do consumidor recaia a nosso favor?

— Tem a propaganda a finalidade de apoiar o trabalho de comunicação dos revendedores, descobrir clientes potenciais, infundir confiança entre os consumidores para com os varejistas?

Uma estratégia relativamente conhecida para a definição de metas e objetivos é o **método Smart**, criado por Peter Drucker, um dos nomes mais importantes na gestão administrativa. Smart, na realidade, é uma sigla que se refere a cinco fatores: ***specific*** (específica), ***measurable*** (mensurável), ***attainable*** (atingível ou alcançável), ***realistic*** (realista e relevante) e ***time bound*** (temporizável).

A ideia, portanto, é focar esses cinco elementos para se assegurar de que uma meta (Pereira, 2017):

- seja clara em relação ao que se pretende atingir;
- consiga apresentar dados numéricos, ou seja, possa ser quantitativamente medida;
- vise a objetos ousados, mas atingíveis;
- seja importante;
- tenha um *deadline*, isto é, um prazo final para ser encerrada.

4.2
Posicionamento: Como a empresa quer ser vista?

Anteriormente, explicamos que os objetivos e as metas de uma campanha são fundamentais para a construção do *briefing*, pois eles apontam para o **problema** que se pretende solucionar com a realização de um trabalho publicitário. Então, agora chegamos ao momento de pensar sobre o **posicionamento** da empresa.

Segundo Kotler (2000, p. 321), "posicionamento é o ato de desenvolver a oferta e a imagem da empresa para ocupar um lugar destacado na mente dos clientes-alvo". Logo, a agência de publicidade que produz uma campanha para uma empresa também pode ser contratada para criar (ou ajustar) a forma como tal organização é vista pela sociedade e/ou por seu público-alvo.

Essa não é uma tarefa fácil, sobretudo quando consideramos que vivemos em uma época na qual presenciamos uma hiperoferta de comunicação. Os consumidores (e nós todos estamos incluídos nesse grupo) estão sendo bombardeados incessantemente por estímulos e mensagens que buscam o mesmo objetivo: nossa atenção. É isso que explica Ries (2002, p. 16): "A mente comum já é uma esponja encharcada que somente consegue absorver mais informação se ficar livre da que a está saturando. Entretanto, continuamos a despejar mais informações nessa esponja supersaturada e ficamos desapontados quando nossas mensagens não passam adiante".

É preciso saber que as estratégias de posicionamento objetivam criar na mente do consumidor um espaço único de uma marca. Por isso, pensar em posicionamento significa atentar às formas pelas quais a relação com o cliente se estabelece. Para que isso ocorra, é necessário fazer um bom diagnóstico das tendências observadas no mercado consumidor da marca ou do cliente específico.

Sob essa ótica, apresentamos, a seguir, algumas perguntas importantes a serem feitas para a definição ou redefinição de um posicionamento:

- Quem é o público-alvo da marca? Nós o conhecemos detalhadamente? De quais dados sobre ele dispomos e que não sejam meramente achismos?
- Quais são os prazeres que a marca proporciona aos clientes?
- Que valores são atribuídos a essa marca pelos consumidores? E quais valores ela quer contemplar?
- Como a marca quer ser vista? Isso é viável?
- Quais são os diferenciais da marca em relação aos concorrentes?

A partir dessas perguntas, será possível começar a fazer um trabalho que vise montar uma proposta de estratégia de posicionamento para o cliente que está sendo atendido. Publio (2012) apresenta um modelo de descrição dessa proposta (Quadro 4.2), a ser desenvolvido com os setores de planejamento e criação.

Quadro 4.2 – Esquema para a produção do posicionamento

Afirmação básica	Descreve-se aqui qual será o benefício principal a ser agregado à marca ou ao produto. Deve-se apontar com clareza o motivo que deve levar o consumidor a optar pela marca/produto.
Justificativa da afirmação básica	Trata-se dos argumentos que devem sustentar a afirmação básica. Por que podemos afirmar tal coisa sobre a empresa?
Atributos complementares da afirmação básica	Listam-se as qualidades da marca que devem ser adicionadas à comunicação publicitária, complementando o que foi descrito anteriormente.

Fonte: Elaborado com base em Publio, 2012.

Estudo de caso – Reposicionamento da Havaianas

Na sequência, acompanhe um *case* de posicionamento para verificar como isso ocorre com marcas bastante famosas. No caso, a empresa em questão é tida como a líder do mercado brasileiro no setor de chinelos: Havaianas.

A marca foi criada em 1962 e tinha como referência um modelo tradicional do Japão que usava palha de arroz como base. A sandália de borracha manteve, desde o início, um marketing fundamentado em sua praticidade, envolvendo o custo-benefício (pois era barata) e sua resistência.

Contudo, com o passar dos anos, o mercado mudou, e a empresa entrou em uma forte crise nos anos 1990. Parte dessa situação se justificava pela dificuldade de modificar a marca: décadas depois do lançamento, o chinelo continuava praticamente o mesmo, com a palmilha clara e tiras azuis, amarelas e pretas.

Então, a Havaianas promoveu um reposicionamento importante, alterando a forma como era vista pelos consumidores. As sandálias começaram a ser produzidas com mais cores, e seu preço também foi alterado (o que propunha que ela serviria não apenas às classes mais populares).

Como estratégia publicitária, celebridades foram contratadas para exibir suas Havaianas e declarar que as usavam. Por fim, um *slogan* certeiro (*"Todo* mundo usa") sedimentou a marca no imaginário dos consumidores, tornando-a um sucesso nacional e até mesmo internacional.

4.3
Target: focando o público-alvo

A formulação de um diagnóstico preciso está associada a uma consciência clara sobre o público da marca. É nesse contexto que pensamos no *target*, ou seja, nas pessoas que efetivamente buscamos afetar por meio da comunicação publicitária de vários tipos (uma campanha, um *outdoor*, um *post* em rede social etc.).

A compreensão desse público-alvo é extremamente estratégica, uma vez que, segundo Pereira (2017, p. 109-110), "sabendo para quem se deve produzir – no caso de um planejamento de *marketing* – ou com quem se deve falar – pensando no planejamento de comunicação e de publicidade –, os investimentos nas ações táticas ficam otimizados e seus resultados podem ser mais eficazes".

Claramente, pensar no público-alvo significa identificar com qual segmento do público consumidor conseguimos de fato nos comunicar. Para definirmos com exatidão quem faz parte dele, temos de observá-lo por diferentes aspectos, tais como os relacionados a seguir:

- **Geográfico**: onde vivem as pessoas: país, região, cidade, bairro, zona rural ou urbana, residencial ou comercial etc.
- **Demográfico**: questões relacionadas aos seguintes fatores: idade, ciclo de vida (casado, solteiro, viúvo etc.), faixa de renda econômica, gênero, religião, raça, nacionalidade, orientação sexual, escolaridade.
- **Psicográfico**: aspectos ligados ao perfil e ao estilo de vida: saudável ou relaxado, ostensivo ou minimalista, militante ou

despreocupado, sociável ou autocentrado, progressista ou conservador etc.
- **Hábitos de compra**: hábitos de consumo – como toma suas decisões de compra, se compra *on-line* ou apenas *off-line* etc.
- **Envolvimento com a marca**: se os consumidores da marca são fiéis ou alheios, motivados ou não, por quais valores prezam etc.

Também é relevante destacar que toda investigação acerca do público-alvo deve ir além do mero "chute", ou seja, da suposição de que o *target* da marca tenha certas características, sem que elas sejam de fato investigadas. Não direcionar esforços a isso é, no mínimo, correr o risco de perder tempo e dinheiro.

Imagine, por exemplo, uma marca que aprova uma campanha completa voltada a meninas adolescentes sem saber que, na prática, são as mães delas que compõem metade de seu público consumidor. Por isso, quem abre mão de pesquisas empíricas sobre o público corre um alto risco de que seu palpite esteja errado.

Portanto, o ideal é investir esforços em pesquisas quantitativas (que mensuram dados estatísticos) e qualitativas (mais voltadas à pesquisa em profundidade com consumidores que representem o grupo maior) que sustentem com maior efetividade quem é esse público-alvo.

4.4
Stakeholders: Quem a empresa impacta?

Outro elemento que precisa ser contabilizado no planejamento se refere ao que chamamos de *stakeholders*. São os sujeitos (ou, mais comumente, um grupo de sujeitos) que impactam ou são impactados positiva ou negativamente por uma ação desempenhada por uma empresa. Ou seja, o conceito se aplica a todos os interessados nos processos relacionados ao cliente.

O termo *stakeholder* pode ser traduzido como "público de interesse". Por isso, os *stakeholders* podem estar relacionados a um público **interno** (o dono da empresa, funcionários, acionistas, gestores etc.) e a um público **externo** (clientes, fornecedores, distribuidores, a mídia, concorrentes, sindicatos etc.). Todos esses profissionais precisam ser observados ao se pensar em uma ação de comunicação, visto que o sucesso do empreendimento também depende do fato de contemplá-los ou não.

Dessa forma, um bom planejamento tem de considerar certas estratégias para manter o diálogo aberto com todos os *stakeholders*, sejam eles pessoas ou organizações. Então, é preciso pontuar, no planejamento, quais táticas serão usadas para obter o apoio e o engajamento dos setores e profissionais interessados.

Por vezes, essa tarefa não será fácil. É possível planejar uma ação que não esteja de acordo com os interesses dos donos da empresa, mas que contemplem os consumidores finais. Imagine, por exemplo, que sua agência fez um levantamento por meio de uma pesquisa e constatou que o público-alvo de determinada empresa não gosta do produto que ela oferece.

Nesse caso, a fim de alinhar as propostas da agência com os *stakeholders*, será necessário promover uma boa estratégia de comunicação, a qual pode envolver as seguintes práticas:

- estabelecimento de um diálogo franco e constante com os diferentes setores;
- instalação de uma cultura do *feedback* – que o trabalho proposto e executado esteja sempre aberto a uma avaliação horizontal dos *stakeholders*;
- reuniões periódicas para alinhar estratégias e expectativas.

Assim, é crucial que o setor de planejamento mapeie todos os possíveis *stakeholders* e apresente, junto com a proposta, as estratégias para lidar com todos eles. Vale lembrar que alguns *stakeholders* podem estar naturalmente indispostos a colaborar com a empresa – por exemplo, os sindicatos. Por isso, é necessário sempre tê-los em mente para planejar de que modo as ações do plano de comunicação poderão impactá-los.

Síntese

Quando fazemos o planejamento de uma campanha, precisamos ter total clareza dos objetivos e das metas que ela deve atingir. Idealmente, serão objetivos palpáveis – ou que ao menos possam ser verificados em alguma medida –, a fim de que os resultados da campanha não se tornem meras abstrações.

A concepção de objetivos e metas também pode envolver outras questões, como a noção clara de como uma empresa está posicionada em face de seu público (e se é necessário readequar essa visão), o *target* que ela mira (o público com quem a organização conversa ou gostaria de conversar) e seus *stakeholders* (indivíduos e/ou instituições afetados pela empresa e que talvez possam se posicionar contra ela). A investigação aprofundada de todos esses fatores será essencial para a elaboração de um bom plano.

Questões para revisão

1. Com relação às diferenças entre objetivos e metas de uma campanha, assinale a alternativa correta:
    a) Os objetivos envolvem todos os setores da agência, e as metas, apenas o setor de criação.
    b) Os objetivos costumam ser mais abrangentes que as metas.
    c) Objetivos e metas devem sempre visar a respostas quantitativas.
    d) Os objetivos são elaborados pelo setor de planejamento, e as metas, pelo setor de atendimento.
    e) O cliente não opina sobre objetivos e metas, pois estes são elaborados exclusivamente pela agência.

2. (E-Paraná Comunicação – 2017 – FAU) O banco Itaú lançou em 2015 uma campanha para reforçar o seu posicionamento como banco digital. Com objetivo de seguir a tendência do uso de aplicativos móveis em *smartphones*, abordou em sua campanha o uso de *emoticons*, ícones de emoções utilizados nos principais

aplicativos de conversas como WhatsApp, Messenger, Skype, dentre outros. Segundo o superintendente de marketing do Itaú Unibanco, Eduardo Tracanella, "a tecnologia não é nada sem as pessoas. Por isso investimos em tecnologia de ponta para construir um banco capaz de se relacionar com as pessoas do jeito delas. Nosso objetivo é atualizar e reforçar nosso posicionamento digital, mostrando um banco que quer estar cada vez mais disponível, ouvindo, evoluindo e mudando sempre para permanecer na escolha de nossos clientes também neste novo tempo". Considerando a importância da segmentação, mercado-alvo e posicionamento como estratégia de diferenciação do Itaú no mercado, avalie as seguintes afirmações.

I) A segmentação utilizada pelo Itaú teve como objetivo impactar um mercado-alvo que está adepto ao uso de tecnologias e gosta de se relacionar com uso de dispositivos móveis.

II) A estratégia de posicionamento é uma ação para projetar a oferta e imagem da empresa, para que ela ocupe um lugar diferenciado na mente do público-alvo. No caso do Itaú, leva-se em consideração a mudança de pensamento de um banco que antes era apenas físico e agora se tornou digital.

III) Utilizando de atributos de diferenciação, como uso de *emoticons* em suas campanhas, o Itaú expôs atributos diferentes de seus concorrentes para criar um posicionamento digital na mente do seu público-alvo.

É CORRETO o que se afirma em:

a) II, apenas.
b) I, II, apenas.
c) III, apenas.
d) I e III, apenas.
e) I, II, III.

3. Assinale a alternativa que descreve corretamente uma diferença entre objetivo e meta:
   a) Os objetivos são descritos de forma numérica, diferentemente das metas.
   b) Os objetivos têm foco mais amplo, enquanto as metas são mais específicas e mensuráveis.
   c) Os objetivos são elaborados pelo cliente, e as metas, pela agência.
   d) Os objetivos apontam para questões financeiras, e as metas, para a possibilidade de o valor ser suficiente para a campanha.
   e) Os objetivos são quantitativos, e as metas são qualitativas.

4. Durante o planejamento de uma campanha, por que é importante mapear os *stakeholders*?

5. Liste ao menos três aspectos que precisam ser mapeados na definição do *target* de uma campanha.

Questões para reflexão

1. Neste capítulo, discutimos a necessidade de que haja um mapeamento empírico do público-alvo de uma campanha antes de se iniciar o trabalho. Reflita sobre os riscos da realização de uma campanha publicitária sem esse levantamento.

2. A efetivação de uma campanha publicitária envolve diversos aspectos, o que também abrange diferentes sujeitos e instituições. A esse respeito, reflita sobre a necessidade de mapear os *stakeholders*.

Capítulo
05

Promoção e comunicação da campanha

Conteúdos do capítulo:

- Objetivos de comunicação.
- Plano de relacionamento.
- Ações isoladas e integradas.
- Mensuração de resultados.

Após o estudo deste capítulo, você será capaz de:
1. construir os objetivos do plano de comunicação;
2. elaborar um plano de relacionamento com o cliente;
3. utilizar índices e métricas para mensurar os resultados de uma campanha.

Já discorremos sobre algumas das principais etapas de um projeto publicitário. A partir deste capítulo, vamos nos voltar à sua execução e às formas de que dispomos para verificar a efetividade das ações planejadas.

Por isso, trataremos dos objetivos de comunicação (direcionados à própria função da mensagem publicitária), das estratégias de contato com o público e da mensuração dos resultados de uma campanha. Desse modo, teremos condições de avaliar – e ajustar – o "voo" ainda enquanto ele ocorre. Além disso, poderemos obter aprendizados que também serão úteis em outros trabalhos a serem realizados por uma agência.

5.1
Como saber se um *job* deu certo?

Aqui, vamos nos debruçar em um dos aspectos finais da realização de uma campanha, mas não menos importante: a mensuração dos resultados obtidos pelo trabalho. Nos capítulos anteriores, percorremos várias etapas (consolidação de um diagnóstico, construção do *briefing* pelo atendimento, elaboração de objetivos e metas) necessárias para concretizar uma campanha e finalmente levá-la a público – seja nas mídias tradicionais, como TV e rádio, seja nas digitais. Mas, então, o que acontece a partir desse momento?

O próximo passo mais natural, obviamente, é fornecer um retorno ao cliente acerca da efetividade do que foi feito. É nessa etapa que teremos a oportunidade de evidenciar que toda a confiança e o investimento (humano e financeiro) depositados na agência valeram a pena. Ou seja, deixamos claro que, depois de entregarmos o que foi prometido, será preciso verificar se o desempenho foi satisfatório – para, em seguida, levarmos essa resposta ao contratante. Essa prática trará credibilidade à relação profissional entre ambos (agência e cliente) e, se tudo tiver transcorrido como o esperado, certamente os tornará propensos a manter a parceria.

Mas é certo que o resultado do trabalho não pode ser constatado com base em mera especulação. Por essa razão, é necessário aferir o sucesso ou não do trabalho considerando dados concretos. Precisamos, ainda, estabelecer um **plano de relacionamento** com o cliente e alguns **pontos de contato** por meio dos quais essa relação seguirá ocorrendo.

Contudo, antes de avançarmos às próximas etapas, urge pontuar com clareza quais são os **objetivos de comunicação** que uma campanha deve contemplar.

5.2
Objetivos de comunicação: O que se pretende comunicar?

Anteriormente, apresentamos as diferenças entre os objetivos de marketing, de comunicação e de publicidade. Pois bem, depois de fazer o trabalho de diagnóstico e planejamento e estabelecer o *briefing*, torna-se imprescindível definir os objetivos de comunicação que vão reger a campanha.

Embora tais objetivos sejam mais amplos que os de marketing (que funcionam mais como metas), é importante encarar essa etapa da forma mais concreta possível. Se não soubermos exatamente o que queremos atingir, será muito difícil descobrir se fomos bem-sucedidos ou não, como pontua Publio (2012, p. 148):

> O objetivo de comunicação deve ser passível de verificação e para se verificar o objetivo de forma sensata deve-se conhecer quantos são os consumidores potenciais que sabem da existência do produto, serviço ou marca; quantos compreendem o conteúdo da mensagem; quantos são favoráveis à aquisição e quantos realizaram a ação. Sobre esta base é possível se medir, com uma investigação posterior, até que ponto foram alcançados os objetivos.

Uma vez que esses objetivos podem ser bastante diversos, Kotler e Keller (2012) os separam em quatro modalidades. Para os autores, eles podem ter a função de **informar**, **persuadir**, **lembrar** ou **reforçar** uma mensagem publicitária. Vamos apresentá-los com mais profundidade por meio de exemplos (Quadro 5.1).

Quadro 5.1 – Objetivos de uma campanha publicitária

Objetivos de uma campanha publicitária	
Informar	• Comunicar ao mercado o lançamento de um novo produto. • Sugerir novos usos de um produto. • Explicar o funcionamento de um produto. • Corrigir informações erradas sobre o produto. • Informar a mudança do preço do produto. • Descrever serviços disponíveis.
Persuadir	• Alterar a percepção do público sobre um produto ou serviço. • Persuadir consumidores a realizar uma compra. • Convencer o consumidor a trocar de marca. • Persuadir o consumidor a ir até um local de venda.
Lembrar	• Lembrar os consumidores da utilidade de um produto. • Trazer um produto à mente do consumidor em uma época do ano em que é pouco lembrado. • Avisar que um produto voltou ao mercado. • Relembrar onde um produto pode ser adquirido.
Reforçar	• Convencer os consumidores de que a escolha deles pelo produto foi correta. • Relembrar a confiança do consumidor na marca.

Fonte: Elaborado com base em Kotler; Keller, 2012.

Para saber mais

Em 1992, um comercial da fabricante de chocolates Garoto gerou muita repercussão, e assim segue até hoje. Ele mostrava uma criança que, olhando para a câmera, tentava "hipnotizar" as mães que estariam assistindo à TV para que comprassem o chocolate Baton para seus filhos. O texto era o seguinte: "Toda vez que a senhora sair com o seu filho, vai ouvir minha voz dizendo 'compre Baton, compre Baton, seu filho merece Baton'" (Garoto..., 2010).

O filme claramente tem o objetivo de **persuadir** o consumidor à compra, o que é feito de forma bem-humorada. Ele acabou sendo proibido, pois usava uma linguagem persuasiva direcionadas crianças, que é um dos públicos mais vulneráveis à publicidade. Logo, configurou-se como uma propaganda abusiva.

GAROTO – Compre Baton. 10 nov. 2010. Disponível em: <https://www.youtube.com/watch?v=sBWu7ibZDVg&t=35s>. Acesso em: 18 dez. 2022.

Definir quais são os objetivos de uma campanha é um ponto fundamental, já que eles dizem respeito ao que se espera como resposta do público. Essa informação é importantíssima para o *briefing*, visto que se vincula diretamente às estratégias que poderão ser escolhidas para o *job*.

A depender da tática empregada, ela tenderá a produzir resultados que se baseiam nas dimensões de **confiança** que o consumidor tem com relação à empresa. Sob essa perspectiva, Terres e

Santos (2010) mencionam três dimensões que podem ser tensionadas nessa relação:

1. **Dimensão cognitiva**: a mais utilizada, tem um fundamento racional, ou seja, a confiança é atribuída por meio de argumentos lógicos sobre a marca, com base nos atributos pessoais e institucionais associados à empresa.
2. **Dimensão afetiva**: baseia-se na relação emocional constituída com uma empresa, que se caracteriza pelo envolvimento mútuo entre os participantes (organização e cliente). Pressupõe um investimento emocional profundo no relacionamento entre as partes, o qual precisa ser cultivado com cuidado e preocupação: se o cliente se decepcionar com a marca, as reações serão emocionais e a reputação será perdida.
3. **Dimensão comportamental**: relaciona-se às dimensões cognitiva e afetiva. "A dimensão comportamental refere-se à disposição da confiança em um comportamento coerente" (Castaldo, citado por Terres; Santos, 2010, p. 82). Por exemplo: a confiança cognitiva e/ou afetiva em determinada loja faz com que uma pessoa se predisponha a fornecer seus dados e a realizar uma compra em seu *e-commerce*, pois acredita que essas informações serão tratadas de forma segura.

E como tais dimensões se relacionam aos objetivos de comunicação? Elas servirão para que se possam planejar **estratégias de ação** condizentes com o que se pretende atingir com a campanha.

Assim, segundo Pereira (2017), elas poderão ser pensadas de maneira gradativa, com base na relação de confiança que se espera ativar, como pode ser visto a seguir.

Primeiras estratégias: dimensão cognitiva

- Chamar a atenção do consumidor.
- Conscientizar o público acerca da existência de um produto ou serviço.
- Apresentar o produto por meio de informações concretas.
- Verificar de que modo o consumidor avalia as informações que lhe são transmitidas.
- Despertar o interesse racional pelo produto.

Estratégias seguintes: dimensão afetiva

- Despertar o interesse emocional pelo produto.
- Evocar a simpatia pelo produto.
- Avaliar o nível de interesse emocional do consumidor pela marca.
- Com base nas sensações captadas, provocar o consumidor à ação.

Estratégias finais: dimensão comportamental

- Levar ao público informações práticas para a aquisição do produto.
- Estimular o consumidor a experimentar o produto.
- Informar onde ele pode encontrar o produto.

Por fim, Publio (2012) também relaciona os objetivos de comunicação ao esclarecimento do **problema de comunicação**, ou seja, a pergunta que o objetivo de comunicação busca responder. Ao observar quais problemas uma campanha intenta solucionar, fica mais fácil reconhecer os objetivos.

Para ilustrar a relação entre problema e objetivos, Publio (2012) menciona alguns exemplos, conforme exposto no Quadro 5.2.

Quadro 5.2 – Relações entre o problema e os objetivos de comunicação

Problema de comunicação	Objetivos de comunicação
Produto novo que o público ainda não conhece.	• Apresentar o produto ao público. • Criar uma identidade em torno do produto e da marca.
O público-alvo ainda não conhece a marca.	• Estimular a criação de uma lembrança espontânea quanto à marca. • Criar a identidade da marca.
O público tem impressões negativas da marca.	• Fornecer esclarecimentos. • Agregar valores positivos à marca.
A marca não tem um posicionamento preciso.	• Elaborar um reposicionamento da marca.
A marca é conhecida, mas o público não entende as funções de um produto.	• Apresentar ao público as formas de uso do produto. • Posicionar a marca. • Desenvolver a identidade da marca e do produto.

(continua)

(Quadro 5.2 – conclusão)

Problema de comunicação	Objetivos de comunicação
A marca é vista de forma muito genérica.	• Criar a identidade da marca. • Acrescentar valores à marca.

Fonte: Elaborado com base em Publio, 2012.

A ideia por trás desse mapeamento é obter um maior controle no estabelecimento das metas e dos objetivos que se buscará atingir com a campanha de comunicação.

5.3
Plano de relacionamento

Uma das formas de verificar a efetividade dos objetivos de comunicação é manter permanentemente um relacionamento com o cliente. Para isso, sugere-se o estabelecimento de um plano exequível e que possa ser acessado a todo momento pelo consumidor, além de ser acompanhado pela empresa.

Costuma-se chamar essa estratégia de **gestão de relacionamento com o cliente**, ou **CRM** (abreviação da expressão original em inglês, *custom relationship management*). Em resumo, o CRM envolve a coleta de dados e sua posterior análise, a fim de levantar indícios claros a respeito de como a campanha foi captada e de como o produto/serviço ofertado pela empresa está, de modo geral, atendendo às necessidades de seus consumidores.

Uma boa estratégia de CRM traz vários benefícios, tais como:

- **conversão** de novos clientes para a empresa;
- **retenção** dos clientes já conquistados;

- **fidelização** dos clientes, criando uma preferência pela marca;
- obtenção de **insights** sobre a marca que talvez não surgissem se o CRM não fosse executado.

Essa ferramenta normalmente é utilizada por meio de *softwares* que captam informações sobre o cliente, proporcionando a criação de um banco de dados inteligente que pode oferecer, em questão de segundos, uma série de dados sobre o público. Normalmente, isso é feito eletronicamente, já que esse meio possibilita que uma quantidade muito maior de dados seja analisada em comparação com uma análise totalmente manual.

Não entraremos aqui nas questões técnicas dos *softwares*, uma vez que eles são operados mais pelos profissionais de tecnologia da informação do que pelos publicitários em si, os quais se interessam pelos resultados e pelas ideias que esses recursos podem gerar. Não obstante, vale lembrar que todo *software* empregado na gestão de relacionamento com o cliente deve obedecer a certos critérios, a saber (Patel, 2022d):

- **Capacidade de operar na nuvem**: o ideal é que os dados jamais fiquem restritos a um computador ou algum *software* específico, por conta do risco alto de perder informações valiosas.
- **Capacidade de integrar outros sistemas**: vários setores de uma empresa (comercial, gestão, comunicação, TI, RH etc.) devem conseguir acessar as informações, a fim de que todos na organização possam manter o foco no cliente.
- **Acessibilidade**: o sistema deve estar disponível a qualquer hora e lugar, sendo compatível com dispositivos móveis.

- **Boa usabilidade**: o sistema deve ser amigável e intuitivo, para facilitar o seu uso.
- **Automatização**: o CRM deve realizar automaticamente alguns processos, como o envio de *e-mails* e a geração de listas e avisos de notificações sobre vendas.

∴ Pontos de contato

Como fazer para coletar os dados com o público? Para que uma estratégia de CRM seja efetiva, é necessário estabelecer os **canais de comunicação** que ficarão à disposição dos clientes. Isso é especialmente importante porque demanda o monitoramento permanente de tais canais, a fim de que os clientes não se sintam abandonados. Em outras palavras: de nada adianta disponibilizar espaços de contato com o cliente se ele não se sente bem atendido.

A seguir, apresentamos alguns canais que costumam ser utilizados para esse contato:

- **Aplicativos de mensagens**: podem oferecer uma série de métricas e estatísticas que ajudam no gerenciamento da relação com o cliente.
- **Telefone**: canais tradicionais não podem ser desconsiderados, uma vez que, a depender do nicho de atuação da empresa, boa parte dos clientes ainda pode preferi-los. O atendimento telefônico segue muito relevante para o recebimento de queixas e sugestões, bem como para a promoção de melhorias internas.

- **Chatbots**: um *chatbot* consiste em uma forma de inteligência artificial que "conversa" com os clientes, simulando um atendimento humano. Sua grande vantagem é a agilidade de resposta aos consumidores.
- **E-mail corporativo**: esse recurso pode ser muito útil no momento de realizar cadastros, enviar documentos e promover campanhas, realizar promoções e comunicar novidades aos clientes.
- **Blogs**: uma estratégia de contato bastante usada é a criação de um *blog* da empresa, no qual são inseridos conteúdos que podem ser relevantes para o público-alvo. Como os *blogs* têm certa característica de proximidade (pois normalmente envolvem textos com autoria identificada), podem fazer com que os consumidores se sintam próximos da empresa e queiram interagir com ela.
- **Redes sociais**: talvez sejam atualmente os canais mais usados para manter a comunicação com o cliente. Contudo, é preciso ter uma estratégia para evitar que as mensagens enviadas não fiquem sem resposta.

5.4 Ações isoladas e integradas

No primeiro capítulo deste livro, discutimos a importância de pensar na comunicação de forma integrada, já que o público consumidor provavelmente terá acesso à mensagem de uma campanha por meio de diferentes canais. Também mencionamos ser ideal que tais canais se complementem, em vez de se repetirem – pois isso pode gerar certa irritação no *target*.

A estratégia de planejar a veiculação de uma mensagem por meio de múltiplas mídias foi inicialmente explicada por Henry Jenkins (2009, p. 142) sob o conceito de **comunicação transmidiática**:

> Mídias diferentes atraem nichos de mercado diferentes. Filmes e televisão provavelmente têm os públicos mais diversificados; quadrinhos e *games*, os mais restritos. Uma boa franquia transmídia trabalha para atrair múltiplas clientelas, alterando um pouco o tom do conteúdo de acordo com a mídia. Entretanto, se houver material suficiente para sustentar as diferentes clientelas – e se cada obra oferecer experiências novas –, é possível contar com um mercado de intersecção que irá expandir o potencial de toda a franquia.

Jenkins atentou a essa questão sob a ótica do entretenimento, ao analisar filmes que em sua essência já foram planejados para serem consumidos de forma cruzada com outras mídias, como jogos, animações e *sites*. O principal exemplo dado pelo autor é o da franquia *Matrix*, que engloba quatro filmes produzidos em 1999, 2003 (dois filmes) e 2021. No entanto, a experiência com a história contada pelas irmãs Lilly e Lana Wachowski vai muito além dos filmes – é preciso participar de diversos outros produtos para conseguir captar explicações que ficam em aberto quando se assiste apenas às películas.

Com relação à produção publicitária, todo plano de comunicação deve contemplar estratégias que considerem sua lógica integrada, definindo o que será difundido isoladamente e o que dialogará com outras linguagens e mídias.

Um *case* de campanha publicitária que explorou essa estratégia integrada ocorreu em 2014, quando a Volkswagen descontinuou a produção da Kombi (Figura 5.1), um carro utilitário bastante icônico e que traz recordações afetivas a muita gente.

A campanha tinha como objetivo anunciar aos consumidores que o carro não seria mais fabricado. Para isso, a empresa executou uma **estratégia transmídia** que conjugava a mensagem em diferentes canais. Um comunicado oficial (*release*) foi enviado pelo setor de comunicação aos veículos jornalísticos mencionando a descontinuação do automóvel. Isso gerou matérias em jornais de todo o mundo, resultando em uma alta repercussão – o que era a intenção da Volkswagen.

Na sequência, a empresa publicou, em jornais e revistas, um anúncio com uma espécie de "testamento" da Kombi comunicando "seus últimos desejos". A estratégia visava comover os consumidores por meio de um texto emotivo que trazia à tona memórias que muitos deles têm com o utilitário.

Figura 5.1 Campanha de despedida da Kombi[1]

Fonte: Os últimos..., 2016.

Por fim, a ação terminou com um vídeo de despedida da Kombi, em que "ela" narrava, em primeira pessoa, suas memórias e distribuía suas "heranças" ao mundo – amarrando sob uma mesma lógica todas as ações realizadas anteriormente. A mensagem sobre o fim do carro circulou em cinco partes que se complementavam, as quais foram veiculadas em canais diferentes: jornais, emissoras de TV e rádio, revistas e *sites* na internet.

Toda a campanha foi considerada bem-sucedida. Seu exemplo revela as vantagens de realizar um planejamento que contemple múltiplas plataformas e mídias – focando, por exemplo, o relacionamento entre mídias tradicionais, digitais e alternativas.

---

1   A imagem é um *print-screen* retirado de vídeo disponibilizado no YouTube.

> **Curiosidade**
>
> Exemplos muito claros de **narrativas transmídias** atuais são os filmes da Marvel. São mais de 30 filmes produzidos com os seus personagens, além de inúmeras séries, animações e quadrinhos que se relacionam entre si. Os fãs são convidados a acompanhar a franquia e a "completá-la" em seus cérebros mediante o consumo de diferentes produtos.
>
> A consequência é que a Marvel acaba oferecendo aos consumidores uma experiência complexa, mas recompensadora. Para conseguir participar do Universo Marvel de forma integral, é necessário consumir as diferentes mídias e, até mesmo, ir além delas – por exemplo, assistir às cenas de créditos após o término dos filmes e procurar os chamados *Easter eggs*[2] nas cenas.

5.5
Mensuração de resultados

Para concluirmos este capítulo, abordaremos os instrumentos de que dispomos para aferir os resultados de uma campanha publicitária que foi (ou está sendo) executada. Estamos nos referindo aos **indicadores de desempenho**. Eles também podem ser apresentados como **métricas** ou sob a sigla **KPIs** (do inglês *key performance*

- - - - -

2   Em tradução literal, *Easter eggs* significa "ovos de Páscoa". Na cultura de entretenimento, eles se referem aos "segredos" propositadamente escondidos em filmes, séries, *sites* e jogos, no intuito de que os consumidores os encontrem. Um *Easter egg* pode ser uma cena ou um elemento que forneça um *spoiler* ou uma explicação sobre algo que acontecerá em outro filme, por exemplo.

indicators). São índices, normalmente numéricos, que fornecem diagnósticos acerca do andamento e do resultado das ações executadas em um *job*.

Tais indicadores são analisados de forma que possam ser úteis para o planejamento e a realização de uma campanha. De acordo com Avis (2021, p. 37),

> As métricas são números utilizados como uma medida de padrão de qualidade para comparar diferentes itens ou períodos de tempo. Esses números mostram resultados positivos ou negativos [...] Poucas empresas conhecem as características de cada indicador. E a máxima prevalece: se você não sabe o que quer, não vai saber quando chegar lá.

Em suma, os indicadores de desempenho podem servir para:

- identificar possíveis **problemas** na execução do trabalho;
- fazer **ajustes** ainda durante a execução da campanha;
- analisar, a longo prazo, **padrões** que se repetem no trabalho da agência;
- verificar se a **campanha obteve os resultados desejados**.

Também é relevante reconhecer que falar em resultados desse tipo de trabalho nem sempre é simples. Isso porque, primeiramente, pensamos na publicidade como um ofício que se conecta ao fazer criativo – o que, em essência, estará sempre próximo da subjetividade. Essa premissa se evidencia com mais clareza no setor de criação da agência, que muitas vezes poderá sentir-se "injustiçado" por não ter o valor de seu trabalho devidamente reconhecido pelo cliente, por exemplo, uma vez que este nem sempre conseguirá captar a complexidade daquilo que a agência lhe entrega.

Então, como lidar com essa parcela de avaliação subjetiva que permeia a publicidade? É possível, ainda assim, falar em resultados palpáveis do trabalho? A melhor forma que temos de lidar com essa situação é trabalhar com **indicadores objetivos**, ou seja, que tragam concretude ao que se pretende verificar. É por essa razão que indicadores numéricos são quase sempre preferíveis nessa etapa final de um *job*.

Outro aspecto que merece nossa atenção diz respeito ao fato de que tais indicadores podem – e devem – ser usados ao longo do processo, e não apenas no encerramento. Desse modo, podemos checar o andamento do trabalho e fazer possíveis ajustes ao longo do percurso. Atualmente, temos à disposição uma vasta gama de índices que podem ser empregados de acordo com as necessidades da agência e dos próprios clientes. Logo, é importante conhecê-los em mais profundidade. Por isso, na sequência, eles serão abordados de forma detalhada.

No intuito de organizar essas múltiplas possibilidades de análise, organizaremos os indicadores em tipos, associados ao que eles são capazes de revelar[3]:

---

3   Vale lembrar que essa divisão se dá meramente em prol da organização. Ou seja, um indicador de produtividade, por exemplo, também pode ser um indicador de participação no mercado; igualmente, as mídias tradicionais também se utilizam de indicadores financeiros, e assim por diante.

- **Indicadores de produtividade e desempenho financeiro**
- **Indicadores de participação no mercado**
- **Indicadores de captação de novos clientes**
- **Indicadores de mídias tradicionais**
- **Indicadores de mídias digitais**

Os indicadores devem ser observados à luz dos **objetivos** de uma campanha. Por exemplo: se o objetivo do *job* foi aumentar a quantidade de vendas, os indicadores financeiros serão mais recomendados; caso tenha sido aumentar o público-alvo, deve-se avaliar se houve aumento na captação de clientes.

∴ Indicadores de produtividade e desempenho financeiro

Aqui, consideraremos alguns índices que contemplam o que se despende de recursos financeiros para a execução de um trabalho, bem como o benefício agregado. Os dados também podem servir para mensurar o quanto a agência deve cobrar de um *job*, por exemplo.

- **Retorno sobre investimento (ROI)**: a sigla ROI se refere ao termo original (em inglês, *return over investment*) e diz respeito ao cálculo a ser feito para verificar o custo obtido na execução de um trabalho e o quanto ele retornou em termos financeiros. Basicamente, o ROI calcula o valor investido sobre o total de lucro gerado. Vamos supor que uma campanha de uma empresa de sorvetes tenha investido R$ 200,00 em compra de mídia e que, ao fim de determinado período, a empresa tenha vendido R$ 500,00 em sorvetes. O ROI será calculado da seguinte forma:

$$ROI = \frac{500 - 200}{200} \times 100$$

Assim, o ROI dessa campanha seria este:

$$ROI = 150$$

O cálculo nos mostra um ROI de 150%. Convertendo esse cálculo para reais (dividindo o valor da porcentagem por 100), chegamos ao valor de 1,50. Isso significa que, a cada real investido na campanha, a empresa lucrou R$ 1,50, o que pode ser considerado um ROI bastante baixo.

Não obstante, a análise final tem de levar em consideração fatores mais específicos, como o segmento de mercado: 1,50 pode ser baixo em um setor e alto em outro. Porém, se o ROI for calculado como abaixo de 1, significa que o cliente perdeu dinheiro com a campanha.

- **Retorno sobre investimento publicitário (Roas)**: esse índice mede todas as receitas e os custos envolvidos em uma campanha publicitária. É semelhante ao ROI, mas direcionado apenas a anúncios pagos, embora envolva todos os custos gastos na publicidade (como salários, aluguel de equipamentos e a própria divulgação).
- **Número de refações de um *job***: chamamos de *refações* as vezes em que um trabalho precisa ser refeito ou ajustado a

pedido do cliente. Ou seja, trata-se de quantas vezes o cliente solicitará alguma alteração no que lhe foi apresentado.

Entendemos esse KPI como um indicador de produtividade porque todas as etapas do trabalho de uma agência envolvem custos: os recursos humanos (a entrega e a motivação dos profissionais), os *softwares*, o tempo empregado (que poderia estar sendo aplicado em outros *jobs*) e até os custos com energia e instalações.

Além disso, a relevância desse indicador se explica pelo fato de que ele pode sinalizar um problema no processo – muito possivelmente, um *briefing* incompleto ou malfeito, que pode causar impactos em toda a cadeia de produção. O recomendável, portanto, é deixar claro no contrato com o cliente quantas podem ser as refações solicitadas por ele.

Caso o número de refações seja quatro ou cinco, será um provável sinal de que o trabalho não está mais valendo a pena para a agência e, com efeito, será preciso repensar o processo.

- **Custo por aquisição (CPA)**: esse indicador costuma ser mais usado pelo setor comercial e verifica o quanto foi investido em relação a quantas vendas foram feitas depois de determinado período da veiculação da campanha. É um cálculo bastante simples: divide-se o valor investido na campanha pelo total de vendas realizadas.

  Vamos supor, por exemplo, que uma escola de idiomas faça uma campanha para divulgar a abertura de matrículas, investindo nela R$ 20 mil. No final da ação, ela conquistou cem novos alunos. Dividindo o primeiro número pelo segundo, chegamos ao CPA de 200, o que significa que a escola investiu R$ 200,00 por aluno.

- **Ticket médio**: esse indicador calcula o valor médio de venda por cliente de uma loja. É feito por meio da divisão do faturamento total pelo número de vendas em certo período. Suponha que, durante o período de um mês, uma empresa tenha atendido apenas quatro clientes: um fez uma compra de R$ 5,00, e outro, de R$ 20,00; o terceiro fez uma compra de R$ 100,00 e, por fim, o último gastou R$ 500,00. O cálculo do *ticket* médio é feito somando-se todos esses valores (R$ 625) e dividindo-os pelo número de clientes: R$ 156,25.
- **Lifetime value (LVT)**: esse indicador afere o "valor" de um cliente, ou seja, o montante que ele pagará à empresa durante o tempo em que comprar nela/dela. O objetivo é fazer esse cálculo de forma global para saber quanto, em média, os consumidores gastam na empresa. Portanto, considera-se o cálculo do *ticket* médio (por exemplo, R$ 200,00) e presume-se que os clientes façam, em média, 12 compras por ano (uma vez por mês), o que totaliza, portanto, R$ 2.400,00. Em seguida, esse valor é multiplicado pela média de anos pelos quais um cliente mantém um relacionamento com a empresa. Se forem cinco anos, o LVT será de R$ 2.400,00 multiplicado por 5, ou seja, R$ 12.000,00.

∴ Indicadores de participação no mercado

Aqui, abordaremos indicadores específicos que visam levantar dados aprofundados a respeito de como uma empresa é vista no mercado pelos seus clientes.

- **Share of market**: também chamado de *market share*, indica qual é a parcela de mercado que uma empresa preenche no nicho em que está inserida. Costuma ser verificado por meio do faturamento, de uma análise do público-alvo em face dos dados demográficos da região, do valor da empresa no mercado ou de uma investigação sobre a penetração da marca.
- **Share of mind**: este é um indicador tradicional que visa identificar o "espaço" que a empresa passou a "ocupar" na mente do consumidor. Em outras palavras, procura mensurar se os consumidores passaram a se lembrar mais de determinada marca quando pensam em um tipo de produto específico. O sonho de toda marca é tornar-se *top of mind*, ou seja, estar entre as primeiras lembranças em seu segmento. No ramo dos refrigerantes, por exemplo, a Coca-Cola é *top of mind* absoluto, pois é a primeira marca de que a maioria das pessoas se lembra. Verificar o *share of mind* requer o uso de metodologias qualitativas e quantitativas combinadas, mediante entrevistas e levantamentos com públicos específicos.
- **Indicador de desenvolvimento de marca (IDM)**: esse índice verifica e quantifica o desempenho de uma marca em relação a seus concorrentes dentro de um escopo específico, o qual pode ser demográfico, geográfico etc. A ideia é calcular a quantidade

de vendas de determinado produto considerando a totalidade de seu mercado.

- **Indicador de intensidade de consumo**: trata especificamente do uso relativo de um produto pelos consumidores que o adquirem. De acordo com Pereira (2017, p. 179), consiste na "média da compra total de uma marca sobre a média total de compra de produtos de mesma categoria, calculada por unidade ou valor".
- **Indicador de satisfação do cliente**: busca mensurar o nível de satisfação de um cliente e descobrir o quão disposto a recomendar um produto a outras pessoas ele estaria. Também pode ser chamado de *customer satisfaction score* (CSAT), ou pontuação de satisfação do cliente. Normalmente, é avaliado por meio de pesquisas quantitativas, como as aplicadas ao final de uma experiência de compra.

∴ Indicadores de captação de novos clientes

Por vezes, a campanha foca especialmente a conquista do mercado e a consolidação de novos clientes para a empresa. Nesse sentido, sua efetividade deve ser verificada, o que pode ocorrer mediante os indicadores a seguir.

- **Quantidade de *leads***: na publicidade e no marketing, chamamos de *lead* a conquista de potenciais interessados no produto de uma empresa e que futuramente podem tornar-se consumidores da marca. Ou seja, um *lead* não significa exatamente uma venda. Trata-se de encontrar alguém que pode estar propenso a se relacionar com a empresa e eventualmente fazer uma compra.

Então, faz-se o cálculo de quantos *leads* foram captados desde o início da veiculação de uma campanha e compara-se o valor obtido com o número de clientes que a organização tinha anteriormente. Após isso, estabelece-se uma nova comparação, desta vez com a meta previamente estabelecida. Vamos supor que, a cada cem *leads* captados, cinco se converteram em compras, ou seja, houve uma taxa de conversão de *leads* de 5%. A partir disso, pode-se calcular quantos *leads* devem ser conquistados para atingir uma meta de vendas.

- **Custo por *lead* (CPL):** também é possível mensurar o quanto foi investido em relação a cada *lead* captado. O cálculo envolve verificar o montante gasto em uma campanha e, ao final dela, identificar quantos *leads* foram conquistados (por exemplo: pessoas que se engajaram com uma loja, virtual ou física, e deixaram dados de contato, como *e-mail* e telefone). Imagine que uma marca investiu R$ 10 mil em uma campanha e captou 5 mil *leads*; então, divide-se o primeiro número pelo segundo. Nesse caso, pode-se dizer que ela investiu R$ 2,00 por *lead*.

- **Custo de aquisição de clientes (CAC):** essa métrica revela o quanto um negócio está investindo para conquistar novos clientes. Divide-se o total da soma de investimentos em aquisição de clientes (por exemplo, o montante gasto em uma campanha de marketing) pelo número de clientes conquistados após a ação.

∴ Indicadores de mídias tradicionais

A ascensão dos processos digitais faz com que muitas pessoas (incluindo clientes ou até mesmo agências de publicidade) não deem tanta atenção às mídias tradicionais ou *off-line*, como também são chamadas. Negligenciar esses meios é um erro, por uma razão bastante óbvia: nem todos estão imersos em seus *smartphones*. Há quem ainda prefira as mídias tradicionais por uma questão geracional, como a população idosa; outras pessoas, por questões socioeconômicas, não têm acesso irrestrito à internet; além disso, há aqueles que, por escolha pessoal, preferem não usar tanto os suportes digitais.

> **Curiosidade**
>
> As mídias tradicionais estão mais presentes em nossa vida do que talvez nos demos conta. Nessa perspectiva, Clow e Baack (2022) mencionam alguns dos espaços preenchidos por essas mídias e que perpassam a vida de boa parte das pessoas:
>
> - uma estação de rádio que é ouvida em grupo no ambiente de trabalho;
> - um programa de TV ou um jornal que é lido pela manhã;
> - jornais ou boletins que são folheados em um escritório;
> - revistas disponíveis em consultórios médicos;
> - mídias expostas no *shopping* por onde as pessoas costumam circular.

Com isso, destacamos a necessidade de dar a devida importância às métricas e aos dados oriundos de meios tradicionais e que, por vezes, são entendidos como *antigos* – adjetivo que pode mascarar a relevância deles em nossa vida. A TV e o rádio seguem sendo mídias massivas fundamentais, uma vez que comunicam para uma grande quantidade de pessoas e são capazes de atingir mais público que quaisquer outros meios.

Sob essa ótica, apresentamos a seguir alguns indicadores que podem ser usados para analisar os resultados de tais mídias.

- **Alcance**: essa métrica avalia o total de pessoas dentro de determinado universo e que fazem parte do público-alvo (*target*). No caso da TV, por exemplo, envolve o número de domicílios diferentes expostos ao menos uma vez a um veículo de comunicação em certo período de tempo.
- **Frequência ou *opportunity to see* (OTS)**: essa métrica verifica a média de vezes em que um sujeito foi impactado ou teve a oportunidade de ver uma campanha em determinado espaço de tempo.

Trata-se de um fator relativo que precisa ser ponderado de acordo com diversos fatores. Por exemplo: é certo que anúncios no metrô têm maior OTS que os exibidos em cinemas, uma vez que as pessoas usam muito mais o transporte público. Isso não significa, porém, que um anúncio no cinema não possa ser mais efetivo (embora menos frequente) do que o publicado no metrô. Com efeito, alguém pode assistir a um comercial apenas uma vez e ser mais impactado por ele do que ao passar várias vezes pelo mesmo painel sem nunca prestar atenção à mensagem que ele transmite.

- **Taxa de conversão**: essa métrica visa mapear o aumento de vendas após um período de veiculação de uma campanha. É um pouco mais complexo verificar essa taxa em mídias *off-line* que nas mídias *on-line*, pois é difícil precisar a quantidade de pessoas que adquiriram certo produto e que o fizeram porque de fato foram impactadas por uma campanha.
Contudo, a forma mais assertiva de fazer essa aferição é valer-se dos dados de venda antes e depois do período de campanha e calcular se houve aumento ou diminuição no número de vendas realizadas.
- **Gross rating points (GRP)**: a métrica de GRP descreve a soma dos pontos brutos de audiência. Busca aferir o grau de intensidade com que um anunciante impactará seu público por meio de anúncios de TV, mediante o somatório das audiências referentes às inserções dos anúncios na programação.
- **Impacto**: é calculado pelo total da frequência (quantidade de vezes que alguém é exposto à mensagem) vezes o alcance (o total do *target*).
- **Custo por mil exposições (CME)**: essa métrica calcula o investimento para cada mil impressões (ou seja, as vezes em que mil pessoas estiveram expostas a um anúncio *off-line*). Ela é bastante usada para trabalhar com anúncios em TV, os quais se relacionam diretamente com a audiência.

Por exemplo: uma campanha foi veiculada na TV pelo custo de R$ 50 mil em um mês, para uma audiência calculada em 500 mil pessoas nesse período. O cálculo do CME seria feito da seguinte maneira:

CME = valor investido / pessoas atingidas × 1.000

Nesse exemplo, portanto, o CME envolve 50 mil / 500 mil × 1.000, o que totaliza o valor de 100.

∴ Indicadores de mídias digitais

Sabemos que muitas campanhas são veiculadas exclusivamente nos meios digitais, e isso se deve a algumas vantagens desse ambiente: além de serem mídias mais baratas, podem ser acessadas por públicos muito específicos, que não necessariamente seriam contemplados em mídias tradicionais. Soma-se a isso o fato de que as pessoas passam cada vez mais tempo em seus celulares, o que torna as plataformas digitais muito eficazes.

Com as ferramentas disponíveis *on-line*, temos a possibilidade de acessar uma série de dados muito precisos. Há o risco, portanto, de dedicar muito tempo para a análise dos KPIs, mesmo quando eles não são tão relevantes ao trabalho. Por conta disso, é muito importante ter consciência de que as chamadas **métricas de vaidade** (Avis, 2021) – as que apontam, por exemplo, para números de seguidores ou de curtidas – precisam ser pontuadas com parcimônia, já que podem mascarar um resultado real.

Para ilustrar o que estamos afirmando, imagine uma campanha que visa aumentar a quantidade de vendas de uma loja. Se priorizarmos o indicador do crescimento de número de seguidores nas redes sociais, estaremos enfatizando uma métrica de vaidade, pois ela não efetivamente corresponde àquilo que se estabeleceu como objetivo (mais vendas). Logo, atentar ao número de seguidores até pode agradar o cliente, mas não atende exatamente ao que se busca na campanha (a não ser, evidentemente, que seja esse o objetivo).

Um segundo ponto a ser destacado é que muitos indicadores podem ser utilizados para verificar resultados digitalmente. Além disso, há sempre novas ferramentas que entram no mercado e podem servir para levantar novos dados. Por isso, a seguir, enfocaremos apenas os indicadores mais importantes ou conhecidos, devendo-se observar que essa lista é passível de ser expandida.

Feitas essas duas ressalvas, apresentamos a seguir alguns possíveis indicadores a serem investigados.

- **Taxa de cliques ou *click through rate* (CTR)**: é a relação entre a taxa de cliques em um anúncio e a quantidade de vezes em que ele foi exibido. Em outras palavras, indica a quantidade de pessoas que clicaram no anúncio depois de visualizá-lo. Caso um anúncio seja visualizado por cem pessoas e apenas dez cliquem nele, o CTR será de 10%.
- **Taxa de rejeição**: essa taxa busca aferir quantos usuários entram no *site* e o deixam na mesma página, ou seja, quantas pessoas chegaram até o *site* mas saíram dele sem fazer nada. Essa taxa se cruza diretamente com a de conversão: quanto mais pessoas abandonarem um anúncio, menos conversão ele terá.

- **Tráfego ou visitas**: essa métrica busca descobrir de onde vêm os usuários quando chegam até uma página. Por exemplo: é possível que a maioria das pessoas acesse um *site* (por exemplo, um *e-commerce*) após uma pesquisa no Google. Isso significa que a página em questão está com bons resultados em SEO. Ainda, pode ser que as pessoas estejam acessando o *site* em questão por outros caminhos, como as redes sociais. Assim, esse indicador é relevante porque pode ajudar a direcionar melhor o trabalho do marketing.

Para saber mais

A sigla SEO se refere a *search engine optimization* (em português, "otimização para motores de busca"). Compreende-se como SEO o conjunto de estratégias usadas com a intenção de que um *site* seja facilmente encontrado no Google. Para se aprofundar no tema, sugerimos a leitura da obra indicada a seguir, de Maria Carolina Avis.

AVIS, M. C. **SEO de verdade**: se não está no Google, não existe. Curitiba: InterSaberes, 2019.

- *Pageviews*: também chamada de *visualizações por páginas*, essa métrica descreve quantas páginas dentro de um *site* foram visitadas. Pode fornecer uma boa noção de quais tipos de conteúdos ou produtos atraem mais o consumidor.

- **Responsividade**: por meio dessa métrica, observa-se a experiência do usuário quando ele acessa certo *site* – se ele é responsivo, por exemplo, em telas diferentes, como no celular e no computador.
- **Tempo médio em uma página**: trata-se da média de tempo em que um usuário permanece em uma página antes de sair dela. Esse dado pode apontar indícios da experiência do público e do quanto as pessoas são contempladas pelo que está sendo oferecido. No caso de um anúncio ou de outro tipo de mídia (por exemplo, um caso de *branded content*), é possível avaliar o grau de satisfação com o conteúdo apresentado.
- **Conversão em *leads***: pode ser que o objetivo da campanha seja conquistar novos clientes em potencial. Nesse caso, pode-se avaliar quantas pessoas foram captadas como *leads*, isto é, chegaram até um *site* ou um anúncio publicitário e deixaram seus dados, permitindo que a empresa futuramente entre em contato.
- **Taxa de conversão**: a conversão indica se o anúncio conseguiu atingir aquilo que pretendia. O termo *conversão*, em si, é bastante amplo, uma vez que pode significar várias coisas: uma campanha pode buscar aumentar venda, garantir mais visibilidade para a marca, gerar novos *leads* etc.

Em linhas gerais, essa métrica busca analisar o quanto da audiência da campanha efetivamente converteu em *lead*, ou seja, se o objetivo da campanha era aumentar vendas, é possível verificar, do total de pessoas que entraram em um *e-commerce*, quantas delas de fato finalizaram a compra.

- **Abandono de carrinho**: um indicador bastante usado em *sites* de *e-commerce* diz respeito à quantidade de vezes em que alguém acessou a loja virtual, preencheu um "carrinho" com produtos, mas acabou não concluindo a compra. Quando bem analisados, os dados levantados por carrinhos abandonados podem revelar muitas informações – por exemplo, dados demográficos como idade, gênero e localidade.

Se o número de carrinhos abandonados for muito alto, será interessante investigar onde está o problema, já que o usuário estava propenso à compra, mas desistiu no caminho. É possível que entre os motivos que o levaram a abandonar a compra estejam o valor do frete, os preços pouco competitivos, a falta de segurança no pagamento, o *design* pouco intuitivo etc.

Síntese

Neste capítulo, passamos à análise do que acontece após a publicação de uma campanha. Vimos que, definitivamente, não se trata do fim do trabalho; pelo contrário, há uma parte fundamental da campanha que só se inicia a partir desse momento. Nesse sentido, ter um bom conhecimento do público (*target*) e recorrer a estratégias para dialogar com ele constantemente será uma excelente maneira de conferir a efetividade do que foi/está sendo realizado.

Primeiramente, analisamos os objetivos de comunicação, que têm o poder de esclarecer o que se espera depois de o *job* ser veiculado, ou seja, a expectativa quanto à resposta do público. Depois, explicamos que o acompanhamento dos resultados da campanha é feito a partir de um bom plano de relacionamento com o cliente e da mensuração por meio de indicadores específicos, os quais devem ser selecionados tendo em vista o objetivo do trabalho em si.

Questões para revisão

1. (Provar – 2021 – UFPR) Cabe ao planejador de mídia ter conhecimento sobre um conjunto de comportamentos mercadológicos do *target*, EXCETO sobre os hábitos de:
    a) consumo de informação.
    b) aquisição de produtos.
    c) interação de serviços.
    d) interesses em entretenimento.
    e) frequência sináptica.

2. Neste capítulo, vimos que devemos saber exatamente quem é o *target*. A esse respeito, avalie as assertivas a seguir, as quais descrevem os fatores acerca do público-alvo que precisam ser levantados:
    I) Informações geográficas: onde as pessoas vivem e aspectos climáticos sobre tais lugares.
    II) Informações psicográficas: o estilo de vida do público – consciente, despreocupado, sociável, isolado, interessado em questões de saúde, relaxado etc.

III) Informações demográficas: dados referentes a aspectos como faixa etária, faixa econômica, escolaridade, orientação sexual, gênero e raça.

IV) Informações sobre consumo: como toma suas decisões de compra – por impulso ou racionalmente, se compra *on-line* ou *off-line*, se coleta informações com amigos etc.

Agora, assinale a alternativa que indica as assertivas corretas:

a) I e II.
b) II e IV.
c) I, II e III.
d) I, III e IV.
e) Todas as assertivas estão corretas.

3. Uma das métricas de que dispomos para analisar os resultados de uma campanha publicitária analisa a quantidade de vezes que um sujeito é impactado por uma mensagem. Assinale a alternativa que aponta o nome dessa métrica:

a) *Share of market*.
b) Taxa de rejeição.
c) *Target*.
d) *Opportunity to see* (OTS).
e) SEO.

4. Explique o que são métricas de vaidade e por que elas podem ser indicadores nocivos para analisar o resultado de uma campanha.

5. Descreva o que é a taxa de conversão e discorra sobre sua importância na análise acerca do resultado de uma campanha.

Questões para reflexão

1. Neste capítulo, tratamos das formas usadas para mensurar os resultados de uma campanha publicitária. Então, avalie: É possível que uma campanha seja bem-sucedida sem que tal análise seja feita? Afinal, para que ela serve?

2. Conforme abordamos ao longo desta obra, a relação entre agência e cliente pode se tornar complexa em certos momentos. Reflita sobre o modo como a agência pode lidar com o cliente quando os resultados de um trabalho não contemplam aquilo que inicialmente havia sido almejado no planejamento.

Capítulo
06

Na prática:
o desenvolvimento do plano

Conteúdos do capítulo:

- Execução do plano.
- Função dos *planners*.
- Tipos de mídia.
- Planejamento de mídia.
- Verbas e investimentos.

Após o estudo deste capítulo, você será capaz de:

1. organizar a execução de um plano de comunicação;
2. escolher os melhores tipos de mídia a serem usados em uma campanha publicitária;
3. planejar as melhores decisões quanto ao emprego da verba de uma campanha.

Neste último capítulo do livro, prosseguiremos na discussão sobre os desafios enfrentados na hora de colocar em prática o planejamento da campanha. Depois que todo o trabalho foi engendrado e "lançado" ao mundo, o que precisamos acompanhar? E a quem cabe essa tarefa? Há um modelo de como isso deve ser feito?

Além disso, abordaremos duas questões importantes: a escolha dos canais (mídia) para a veiculação da campanha e o manejo da verba investida pelo cliente. No primeiro caso, consideraremos as diferentes mídias e as decisões a serem tomadas no momento de optar por alguma(s) dela(s); no segundo, versaremos sobre a lógica envolvida na distribuição da verba, bem como a respeito de questões referentes à negociação desse *budget*.

6.1
Execução do plano

Ao longo deste livro, exploramos as várias etapas cruciais da montagem de um plano de comunicação – a concepção do diagnóstico,

Na prática: o desenvolvimento do plano

a produção do *briefing*, a pesquisa e as entrevistas que ajudam em sua elaboração –, para, por fim, passarmos às ferramentas existentes para mensurar os resultados de uma campanha.

Então, após todas as fases mencionadas, o plano elaborado é finalmente posto em prática. Perez e Barbosa (2007b) esclarecem que o estabelecimento e a execução do plano podem ser atividades bastante complexas, uma vez que pressupõem três etapas principais: a apreensão de cenários, a montagem do problema e a orientação para a sua solução. De acordo com os autores, "Planejamento publicitário é, em linhas gerais, a resultante do somatório do *briefing* com a análise das pesquisas de mercado dos temas de interesse, adicionada, evidentemente, a experiência que a agência tem com o cliente/marca" (Perez; Barbosa, 2007b, p. 29).

Graficamente, podemos resumir o trabalho, de forma bem sucinta, à sequência de ações indicada na Figura 6.1.

Figura 6.1 – Representação gráfica do funcionamento de campanha

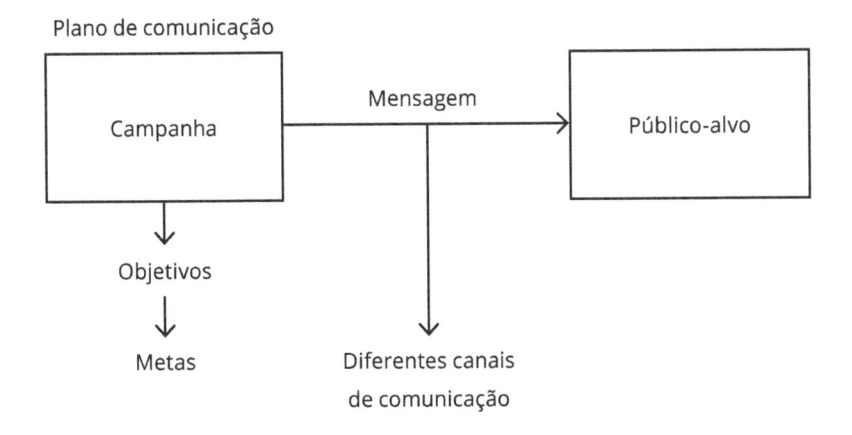

Plano de comunicação

```
┌──────────────┐    Mensagem    ┌──────────────┐
│  Campanha    │───────────────▶│ Público-alvo │
└──────┬───────┘                └──────────────┘
       │
       ▼
   Objetivos
       │
       ▼
     Metas             Diferentes canais
                        de comunicação
```

Assim, tudo o que é executado conforme as recomendações registradas no plano visa sobretudo a um único fim: **transmitir uma mensagem publicitária da forma mais eficiente possível para um público específico**. Mas como colocar isso em prática?

Para exemplificar, apresentaremos um plano fictício, bastante abreviado, para um cliente que procurou uma agência na busca de resolver um problema comunicacional. A estrutura descrita a seguir parte das discussões propostas por Publio (2012), Pereira (2017) e Peruyera (2020).

Vamos supor que o cliente é uma marca de roupas femininas que pretende conquistar um espaço em um segmento já repleto de concorrentes. O cliente – que chamaremos, apenas para fins didáticos, de Moda Mulher – está tentando criar um posicionamento no mercado e aumentar a quantidade de vendas. Seu público-alvo é composto por mulheres das classes C e D que costumam comprar em *fast shops*, mas, por conta de sua renda, não podem gastar nas lojas mais voltadas à classe média.

Então, elaboramos um possível plano, com as etapas indicadas no Quadro 6.1.

Quadro 6.1 – Plano de comunicação para a marca Moda Mulher

Plano de comunicação para a marca Moda Mulher	
Diagnóstico	Inicialmente, é proposta uma pesquisa de mercado para entender o cenário em que a empresa Moda Mulher está inserida. É possível desenvolver diferentes etapas, tais como: • **Benchmarking**: análise das empresas concorrentes diretas (as lojas de roupa que também são opções do público-alvo) ou indiretas (outros produtos que podem, por vezes, ser opções de compra para o mesmo público). • **Análise de macro e microambiente**: investigação sobre o ambiente macro que contempla a Moda Mulher (características demográficas do público, seu perfil, situação do país, o local em que a empresa está instalada ou onde vende) e o ambiente micro (questões internas da empresa que talvez possam impactar o negócio). • **Análise SWOT**: com os dados anteriores em mãos, é produzida uma matriz SWOT, a fim de identificar forças, fraquezas, ameaças e oportunidades da Moda Mulher. • **Análise dos *stakeholders***: investigações sobre todos os setores impactados por essa empresa: fornecedores, insumos, vendedores, relações comerciais, clientes, jornalistas, ativistas do setor da moda etc.

(continua)

(Quadro 6.1 – continuação)

Plano de comunicação para a marca Moda Mulher	
	Com a realização dessas etapas, descobriu-se que: • a Moda Mulher tem como **pontos fortes** a originalidade das peças e o reconhecimento das clientes de que se trata de uma empresa local (o que significa que retorna investimentos para a própria comunidade, como geração de empregos); como **pontos fracos** os preços ainda altos para o público-alvo e a dependência muito forte de fornecedores externos das roupas (a maior parte vem da China, em produção terceirizada); • sua principal **ameaça** é a inflação vigente no país, em razão da qual muitas clientes não conseguem pagar as parcelas; entre as **oportunidades** estão a existência de bons *designers* e o reconhecimento do público de que a Moda Mulher produz roupas de qualidade; • no **benchmarking**, a marca Luxo Mulher fornece um produto semelhante, mas tem a vantagem de contar com fábricas locais, motivo pelo qual seu produto é mais barato.
Definição de estratégias e objetivos de comunicação	A partir do primeiro contato com o cliente, define-se que a campanha pretende: • reposicionar a marca Moda Mulher como local, trazendo um caráter de identidade e pertencimento às consumidoras; • conquistar, em um ano, um *market share* de 10% no mercado de moda feminina dentro do segmento; • fortalecer a identidade da marca como vinculada à cultura local e capaz de trazer amplos benefícios à comunidade; • fortalecer o *e-commerce* e expandir as vendas para fora do estado.

Na prática: o desenvolvimento do plano

(Quadro 6.1 – conclusão)

Plano de comunicação para a marca Moda Mulher	
Criação do briefing	O *briefing* será elaborado por meio de diferentes estratégias: • entrevista com o representante do cliente na comunicação com a agência; • pesquisa feita pelo *planner* sobre a estrutura da empresa e sua inserção no mercado; • uso de metodologias com o público, a fim de compreender melhor o *target*; realização de um grupo focal com cinco mulheres que representam o público, para participarem de uma reunião sobre a marca e a loja; emprego de questionários *on-line* com as compradoras já cadastradas na loja. Após consolidado, o *briefing* será repassado aos setores de criação e de produção, com a intermediação do atendimento, para dirimir possíveis dúvidas.
Definição dos canais e do *budget*	Tendo em vista as descobertas feitas a respeito do público-alvo, será definido onde a campanha será veiculada: se priorizará mídias tradicionais, digitais ou alternativas. Os dados serão também usados para fazer a divisão da verba, enfatizando-se os canais mais acessados pelo público.
Controle do plano	Durante a execução da campanha, o *planner* fará os seguintes acompanhamentos: das negociações e dos canais de mídia; dos resultados obtidos durante o processo; dos possíveis ajustes a serem feitos ao longo da execução do projeto, em busca de melhores resultados.
Cronograma	Por fim, apresenta-se o cronograma com os prazos estabelecidos para cada uma das etapas.

O plano de comunicação costuma ser acompanhado por um profissional que se responsabiliza exclusivamente por isso. Estamos nos referindo ao *planner*, sobre quem discorreremos com mais detalhes a seguir.

6.2
A função dos *planners*

E quem se responsabiliza para que tudo isso ocorra a contento? Essa função fica nas mãos do *planner*, o profissional encarregado por gestar e gerir o plano. Pereira (2017, p. 189) descreve esse trabalho da seguinte forma:

> A definição clássica de *planner* [...] é a de um profissional responsável pelas atividades de planejamento referentes aos clientes da agência e às contas que ele cuida. Este profissional fornece informações, ideias e *insights* para outras áreas, especialmente para a criação, que os traduz em mensagens na forma de anúncios e outras peças publicitárias. Seu trabalho, enfim, é fundamentar e ajudar a desenvolver as campanhas.

Contudo, sabemos que a publicidade tem uma característica extremamente dinâmica. Isso significa que as funções profissionais costumam se alterar com o passar dos anos. Com a ascensão e a onipresença dos processos digitais, espera-se que o *planner* acompanhe tais movimentos e se torne também cada vez mais dinâmico.

Entrevista

Em uma entrevista concedida para este livro, a publicitária Victoria Costa[1], que trabalha como *planner* em um grande veículo de comunicação mundial, revelou suas percepções sobre as habilidades necessárias para atuar na função. Segundo ela, é preciso ser muito organizado, criativo, ter boa noção de negócios e de todo o processo de criação de uma campanha (Costa, 2022).

O trabalho do *planner*, quando ocorre em um veículo específico, depende da comunicação constante com o executivo de vendas, que passa um *briefing* para o setor solicitando o trabalho. Em seguida, o *planner* orça o custo da produção da campanha e/ou verifica sua viabilidade.

Victoria também destaca que a área de planejamento é carente de bons profissionais, por isso há ótimas oportunidades no mercado. E ela dá uma dica importante aos futuros *planners*: vale a pena trabalhar em outras áreas antes de chegar ao planejamento, para adquirir uma visão abrangente de todo o processo de construção da campanha (Costa, 2022).

Uma confusão que costuma ocorrer em relação a esse aspecto diz respeito à falta de clareza na distinção entre os profissionais

---

1 Victoria Costa é formada em Comunicação Social – Publicidade e Propaganda pelo Centro Universitário UniBrasil e cursa MBA em Marketing Estratégico Digital. Atua como *planner* desde 2015 e já passou por diversas áreas da publicidade e comunicação, como atendimento, *social media*, produção de conteúdo, fotografia, direção de arte e, por fim, planejamento. Hoje em dia, trabalha no planejamento de mídia em um veículo de comunicação.

de **planejamento** e de **atendimento**. Para esclarecer a diferença entre esses dois setores, pegamos carona na discussão trazida por Lupetti (2011):

- O **planejamento** tem função mais administrativa: ele atua de modo evidente antes da execução em si do trabalho publicitário. Tem a responsabilidade de estabelecer um elo entre cliente e agência, mas voltado às estratégias que direcionarão e liderarão o que deve ser realizado em um *job*.
- O **atendimento**, por outro lado, demanda um contato mais constante com o cliente: cabe a esse profissional redigir o *briefing*, reunir-se com a equipe de planejamento, registrar as decisões feitas e acompanhar o trabalho dos setores de criação e mídia. Ele também é o responsável por apresentar ao cliente o trabalho executado.

Por mais que os dois setores tenham certa proximidade quanto às suas funções, note que a criação do *briefing* está mais vinculada às tarefas esperadas do atendimento.

6.3
Etapas de marketing e comunicação

Como neste livro estamos abordando o planejamento de comunicação, precisamos esclarecer de que modo o marketing se apresenta como parte importante desse trabalho. Por essa razão, a seguir trataremos da diferença entre estes dois conceitos: comunicação e marketing.

Kotler e Keller (2012, p. 3) propõem pensarmos o marketing como "a identificação e a satisfação de necessidades humanas e sociais. Uma das mais sucintas e melhores definições do *marketing* é 'suprir necessidades gerando lucro'". Nesse mesmo contexto, a administração de marketing seria "a arte e a ciência de selecionar mercados-alvo e captar, manter e fidelizar clientes por meio da criação, entrega e comunicação de um valor superior para o cliente" (Kotler; Keller, 2012, p. 3).

Então, podemos perceber que o marketing se envolve diretamente com a venda de um produto ou serviço. Por seu turno, a comunicação descreve e define formas pelas quais esse produto/serviço será anunciado, no intuito de que chegue efetivamente ao público a que se destina.

Em outras palavras: o marketing se volta mais à parte dos negócios e conta com o uso de metodologias específicas (como pesquisas de mercado, análise do público-alvo e dos concorrentes etc.), enquanto a comunicação, no âmbito da publicidade, vincula-se à análise das melhores estratégias e maneiras pelas quais um produto ou serviço deve ser apresentado: por meio de *jingles*, *spots*, comerciais, *e-mail* marketing etc.

Para uma melhor visualização de quais etapas contemplam o trabalho com o marketing e com a comunicação, apresentamos, no Quadro 6.2, as principais fases de um plano de comunicação e apontamos as áreas que costumam ser acionadas em cada uma delas.

Quadro 6.2 – Fases do plano de comunicação

Fases do planejamento	Marketing	Comunicação
Análise dos ambientes externo e interno	X	
Definição do diagnóstico	X	X
Pesquisa de público	X	
Estabelecimento de objetivos e estratégias	X	X
Designação dos canais	X	
Definição de um plano de ação	X	X
Estabelecimento dos indicadores de resultados	X	X
Execução do projeto		X
Mensuração dos resultados	X	X

Essa divisão é artificial, isto é, durante a execução do plano, as duas *expertises* trabalharão quase sempre juntas. Em uma agência, o mais comum é que alguns profissionais estejam mais preparados para o trabalho voltado ao marketing, e outros, mais propensos a pensar em estratégias de comunicação.

∴ Divisão de tarefas

Tendo em vista esse contexto relativo à execução do plano de comunicação, também se faz necessário observar de que forma as diferentes tarefas costumam ser divididas, a fim de que todas possam ser realizadas com qualidade e em tempo hábil, ajustando-se ao fluxo esperado para o *job*.

No intuito de esclarecer quem são os profissionais normalmente responsáveis pelas tarefas, apontamos, no Quadro 6.3, um possível mapa dessa divisão. Lembramos, porém, que não se trata de uma organização estanque, pois mudanças podem ocorrer conforme com o organograma da agência.

Quadro 6.3 – Mapa da divisão de tarefas do plano de comunicação

Fases do planejamento	Setores/profissionais responsáveis
Captação do *job*/prospecção	Atendimento Donos da agência
Produção do *briefing*	Atendimento
Execução da análise dos ambientes externo e interno	Planejamento Setor estratégico
Definição do diagnóstico	Planejamento Setor estratégico
Pesquisa de público	Planejamento Setor estratégico
Contato com o cliente e com os setores da agência	Atendimento
Intermediação entre os setores	Tráfego
Definição de objetivos e estratégias	Planejamento Setor estratégico

(continua)

(Quadro 6.3 - conclusão)

Fases do planejamento	Setores/profissionais responsáveis
Estabelecimento dos canais	Mídia
Designação de um plano de ação	Planejamento Setor estratégico
Definição dos indicadores de resultados	Planejamento Setor estratégico Mídia
Execução do projeto	Criação Produção
Mensuração dos resultados	Planejamento Setor estratégico
Apresentação dos resultados ao cliente	Atendimento Donos da agência

Cada um dos setores listados tem a responsabilidade de integrar seu trabalho aos demais, observando os prazos e os canais de comunicação utilizados pela empresa. Por isso, o mais recomendado é que a agência invista em *softwares* e/ou ferramentas que possam auxiliar nessa integração e prover métodos para o gerenciamento de todas as funções.

6.4
Ferramentas de comunicação

É bastante comum, na prática profissional, confundir as expressões *canais, ferramentas* e *meios de comunicação*. Para explicar a diferença entre elas, Pereira (2017, p. 203-204) propõe a seguinte analogia:

> Considere o seguinte exemplo: um sujeito precisa se deslocar de uma ilha a outra, as quais são separadas por um rio. À disposição dessa pessoa há uma canoa e remos. Ela, então, decide utilizar os remos (instrumento) para impulsionar a canoa (meio) que percorre o rio (canal). Podemos fazer uma analogia com a comunicação, considerando as mídias sociais (ferramentas) presentes na internet (canal), que são acessadas pelos nossos *smartphones* (meio).

Portanto, assumimos que o planejamento de uma campanha envolve o uso de ferramentas para que uma mensagem publicitária possa cumprir seu objetivo de impactar um público específico de receptores. A ideia da comunicação integrada, conforme abordamos neste livro, consiste em conseguir fazer com que tais ferramentas trabalhem de maneira cooperativa, e não concorrente.

De acordo com Kotler e Keller (2012), a evolução da comunicação faz com que atualmente seja cada vez mais difícil escolher os canais de comunicação, uma vez que eles ficam cada vez mais congestionados e fragmentados. Esse cenário justifica a importância de cada vez mais se construir um pensamento estratégico.

Segundo Kotler e Keller (2012), as principais ferramentas de comunicação são as seguintes:

- **Propaganda**: diz respeito ao desenvolvimento da execução de uma mensagem, difundida por um meio de comunicação não pessoal, com o intuito de permanecer na lembrança do receptor.
- **Relações públicas**: envolve o gerenciamento da imagem da empresa por meio do bom relacionamento com seus vários públicos. Tem como objetivo construir uma imagem institucional positiva.
- **Promoção de vendas**: está mais ligada à formação de um vínculo direto com o consumidor final. Tem a intenção de gerar uma resposta mais intensa e imediata do cliente.
- **Vendas pessoais**: são executadas por uma equipe de vendas, que deve estar preparada para estimular o cliente à ação (ou seja, à compra).
- **Marketing direto**: envolve a realização de ações de contato direto com o consumidor, tais como catálogos, mala direta, *e-mail* e venda eletrônica.

Pereira (2017) ainda acrescenta a essa lista outras ferramentas:

- **Publicidade**: tem como função informar sobre o produto, persuadir o consumidor e lembrá-lo constantemente da existência de uma marca.
- *Merchandising*: trata-se da divulgação do produto no ponto de venda, com o intuito de estimular a compra.

- **Eventos e experiências:** buscam aproximar a marca do consumidor, propondo uma situação emocional em que o cliente interage com a empresa.
- **Assessoria de imprensa:** abrange um trabalho integrado de comunicação, cujos objetivos são gerar notícias a respeito da empresa, estimular mídia espontânea e gerenciar possíveis crises.
- **Mídias sociais:** configuram-se como espaços *on-line* de circulação rápida de conteúdos sobre a marca, com alto potencial de interação com o consumidor.

Até aqui, fica claro que um bom plano contemplará essas ferramentas de acordo com a necessidade da campanha e com o perfil do público em questão.

6.5
Mídia: a escolha dos canais

Por fim, mas não menos importante, abordaremos as decisões acerca dos canais nos quais uma campanha será veiculada. Tais escolhas impactarão diretamente o sucesso ou o fracasso do trabalho, afinal, mesmo que um *job* seja bem executado, se ele não for visto pelo público, não servirá para muita coisa.

Muitos autores, ao começarem a discussão sobre mídia, acabam retomando um pensador clássico da comunicação: o estudioso canadense Marshall McLuhan, autor de obras muito conhecidas, como *Os meios de comunicação como extensões do homem* (1964) e *A galáxia de Gutenberg: a formação do homem tipográfico* (1962).

McLuhan proferiu uma sentença que nos serve muito bem neste momento: o meio é a mensagem. Por mais enigmática que essa frase possa parecer, ela sugere que um meio de comunicação (ou, no termo mais usado na publicidade, uma *mídia*) afeta os sujeitos presentes em uma sociedade não apenas pelas mensagens que carrega, mas por suas características em si.

E por que é importante refletir sobre isso? Porque nos provoca a pensar que **a mídia em si impacta o público-alvo de formas diversas**, e não apenas por conta do conteúdo da mensagem que veicula. Posto de outra forma: o anúncio veiculado em uma TV tem diferentes características e efeitos em comparação com aquele promovido em redes sociais, que, por sua vez, também diferente do concretizado nos jornais, e assim por diante.

Por essa razão, a **escolha de um canal** para ser utilizado em uma campanha nunca será uma decisão simples. É necessário saber agir com perspicácia, cruzando o conhecimento que se tem a respeito do público com a propensão deste para consumir certos canais. Por exemplo: pesquisas recentes mostram que as novas gerações estão assistindo cada vez menos à televisão. Logo, uma campanha destinada a jovens certamente não deverá ter a maior parte da verba destinada a esse canal.

Nesse caso, vamos supor que a decisão é por direcionar os esforços às mídias digitais, uma vez que o público jovem se encontra nas redes. É preciso lembrar a lição de Marshall McLuhan mais uma vez para, então, planejar uma mensagem com características condizentes com esse meio. Certamente, um anúncio digital precisa ter uma linguagem mais próxima e, até mesmo, interpelativa em relação ao público do que a de um comercial de televisão.

> **Curiosidade**
>
> Os hábitos de consumo dos jovens são um tema muito importante para os profissionais de mídia, já que as novas gerações são (e serão cada vez mais) alvos de campanhas publicitárias.
>
> A chamada Geração Z, que costuma abarcar os nascidos entre 1995 e 2010, tende a demonstrar características diferentes das gerações que a antecederam. Esses sujeitos são menos afeitos aos veículos de mídia tradicionais, como TV, rádio e impressos em geral. São nativos digitais, o que significa dizer que já nasceram em um mundo no qual os processos digitais, concretizados pela internet, são comuns. Além disso, sua atenção às mensagens comunicacionais pode ser bastante difusa, o que também gera um desafio à publicidade.

A seguir, apresentamos alguns exemplos de canais usados em campanhas publicitárias e suas especificidades:

- **Televisão**: embora a TV tenha menos apelo entre os jovens, ela segue sendo o meio de comunicação de massa com mais alcance no país. Os canais abertos, aliás, são a principal fonte de comunicação para boa parte da população (é preciso recordar que muitos brasileiros vivem em um contexto de exclusão digital, sem internet ou com acesso a uma rede de pouca qualidade).

- **Rádio**: o rádio tem a mesma condição popular da TV e configura-se como a segunda mídia com maior penetração na população. Tem como característica o fato de ser uma mídia onipresente, que acompanha as pessoas enquanto elas fazem outras coisas (quando estão no trânsito ou fazendo exercícios físicos, por exemplo).
- **Jornal**: por mais que o jornal impresso seja cada vez menos frequente, é importante destacar que se trata de uma mídia que costuma atingir um público intelectualizado, ou seja, que forma a opinião pública. Por isso, anúncios feitos em jornal tendem a gerar impacto e boa repercussão.
- **Revista**: as revistas, hoje em dia, também são mais escassas, mas chegam a públicos de nicho. Isso explica por que podem ser boas opções para uma publicidade segmentada.
- **Mídia externa**: é a que atinge as pessoas enquanto elas circulam pela cidade, andam pelas ruas, estão no transporte público etc. É considerada a terceira mídia com maior penetração no Brasil. Caracteriza-se pela repetição: uma vez que as pessoas cruzam com muitos anúncios ao longo do dia, as mensagens que mais as impactam costumam aparecer várias vezes em seu foco de visão.
- **Mídias digitais**: certamente são as mídias mais dinâmicas e plurais, pois nos permitem considerar anúncios dos mais diversos tipos – incluindo a publicidade paga, a impulsionada, a espontânea, a realizada por influenciadores digitais etc. Elas se caracterizam pela capacidade de interação imediata com o anúncio

(uma pessoa interessada pode clicar nele, o que não ocorre com as mídias tradicionais, como TV e jornal).

Em virtude dessa vasta pluralidade que envolve a mídia e seus canais, apresentaremos a seguir uma sistematização do que o setor comporta na publicidade. Conforme Publio (2012), os tipos de mídia são:

- **Mídia tradicional ou mídia de massa**: trata-se de um meio preestabelecido de comunicação que recebe a inserção da publicidade. As mais conhecidas são a TV, o rádio e os jornais.
- *No media*: nesse caso, não se usam mídias preestabelecidas, mas, sim, criam-se novos suportes. Exemplos são panfletos, embalagens e materiais expostos em pontos de venda.
- *Digital media*: refere-se aos canais digitais em que a publicidade é veiculada, a exemplo de anúncios em plataformas na internet, *posts* patrocinados, *banners*, vídeos, SMS etc.

A essa sistematização inicial podemos acrescentar mais algumas especificidades que costumam surgir nos planos de mídia:

- **Mídia externa ou *out of home* (OOH)**: esse termo é usado para fazer referência à mídia que as pessoas acessam tanto fora de suas casas quanto em estabelecimentos específicos. Alguns exemplos mais conhecidos são *outdoors*, pôsteres, laterais de ônibus, letreiros, placas e empenas (plotagens com anúncios colados em paredes). Costuma ser vista como uma mídia de valor relativamente baixo, mas, se bem usada, pode trazer grandes impactos.

- **Mídia espontânea**: designa o tipo de divulgação de uma campanha que acontece sem custos para agência e cliente. O exemplo mais recorrente atualmente é o uso de *search engine optimization* (SEO). Trata-se do emprego de estratégias para que uma página (um *e-commerce*, um perfil em rede social, um *site* etc.) seja bem ranqueada organicamente pelo Google, a fim de que mais pessoas possam clicar nos *links* que direcionam para ela.
- **Mídia alternativa ou não convencional**: essa expressão diz respeito à criação de novas mídias que nem sempre são lembradas em campanhas publicitárias. Por conta da originalidade, podem chamar mais a atenção do público. Exemplos de mídias alternativas são intervenções em prédios e ruas, réplicas infláveis de produtos, bebedouros adesivados, circuitos de TV internos em locais específicos, adesivos em pisos e projeções.
- **Mídia especializada ou mídia de nicho**: direciona-se a nichos específicos voltados a públicos mais propensos a interagir com uma marca ou a adquirir um produto. Um exemplo é um anúncio em um *blog* direcionado a determinado grupo.
- **Pessoas**: a onipresença dos processos digitais e das redes sociais fez com que algumas pessoas começassem a trabalhar como "mídias humanas". Essa é a profissão dos influenciadores digitais, sujeitos que recebem para "influenciar" um público. O uso dos *influencers* como mídia de uma campanha pode ser interessante, mas é necessário tomar alguns cuidados para não ferir estatutos legais e não incorrer em problemas que podem ser denunciados como propaganda enganosa.

Para saber mais

O Conselho Nacional de Autorregulamentação Publicitária (Conar) publicou uma cartilha com orientações para influenciadores digitais, de modo que executem esse trabalho sem ferir o Código de Defesa do Consumidor.

CONAR – Conselho Nacional de Autorregulamentação Publicitária. **Guia de publicidade por influenciadores digitais**. 2021. Disponível em: <http://conar.org.br/pdf/CONAR_Guia-de-Publicidade-Influenciadores_2021-03-11.pdf>. Acesso em: 20 dez. 2022.

Obviamente, a escolha das mídias não pode ser arbitrária ou aleatória, pois, nesse caso, corre-se o risco de apostar muito alto na improvisação. Confiar na sorte não é uma boa ideia quando envolve decisões de cunho financeiro. Mas como o setor de mídia coloca tudo isso em prática? Na sequência, abordaremos as estratégias usadas no planejamento de mídia.

∴ Montando o planejamento de mídia

O plano de mídia é um documento a ser apresentado ao cliente no qual deve estar presente a definição de estratégia para a veiculação da campanha. Trata-se de uma parte fundamental do trabalho publicitário, pois significa a passagem da campanha do abstrato (concepção e criação) para o concreto (circulação para um público real). Veronezzi (2009, p. 240) discorre sobre a função desse plano e o que está contido nele:

> Empresas com esse perfil de atuação precisam receber de suas agências planos de mídia bem elaborados e completos, pois são esses os documentos que vão demonstrar à diretoria da empresa por que milhares de reais ou dólares estão sendo destinados à compra de "produtos" pouco concretos, como: audiências, tempo, atenção, lembrança e outros quase metafísicos, mais popularmente conhecidos em mídia por GRP, cobertura, frequência, cobertura eficaz.

Em outras palavras, a boa realização do planejamento de mídia representa uma aplicação eficiente da verba destinada ao projeto. Contudo, elaborar um plano adequado não costuma ser algo simples. Um exemplo trazido por Tamanaha (2011) envolve a decisão sobre a veiculação de um produto específico – no caso, um sabão em pó.

Faça o seguinte exercício: Se você fosse o profissional de mídia em uma campanha para uma marca de sabão em pó e tivesse de decidir onde e em que horário ela seria veiculada, quais decisões você tomaria? Onde ela seria exibida e por quê? A maioria das pessoas talvez optasse pela mídia televisiva, no horário do intervalo de uma telenovela ou do telejornal das 20h30.

Mas por que essa decisão foi tomada? Provavelmente, por se imaginar que a resolução sobre a compra de um sabão em pó costuma ser realizada por mulheres que são donas de casa. Logo, intui-se que elas estarão assistindo à TV durante o horário estimado.

Essa é a escolha mais óbvia, tanto que os intervalos desses programas receberam, durante os anos 1980, a alcunha de "mídia de mãe" (Tamanaha, 2011, p. 92). No entanto, é preciso lembrar que, muitas vezes, o óbvio precisa ser questionado. De fato, são exclusivamente mulheres que deliberam sobre os produtos de limpeza da casa? E atualmente essas mulheres ainda estão em frente à TV nesses horários ou estão utilizando outros suportes, como redes sociais e serviços de *streaming*? Assumir verdades absolutas acerca do público e de seus hábitos sem verificá-los pode ser um "tiro no pé". Cabe ao profissional de mídia acompanhar os movimentos do público e as tendências no mercado de consumo.

Para viabilizar o trabalho do setor de mídia, é recomendável seguir um roteiro mínimo do plano de mídia. A esse respeito, apresentamos, no Quadro 6.4, uma proposta que pode também ser adaptada de acordo com as especificidades de cada projeto. Conforme Publio (2012), esse planejamento deve focar em cinco tópicos principais: **objetivo da mídia**, **estratégias de mídia**, **justificativa dos meios**, **táticas de mídia** e **programação resumida de mídia**. Já Pereira (2017) chama atenção para a **análise de contexto** e o **estabelecimento de um cronograma**.

Quadro 6.4 – Tópicos centrais para o planejamento de mídia

Planejamento de mídia	
I. Análise do contexto	Apresenta-se um cenário geral do contexto em que o cliente, como empresa, atua.
II. Objetivo de mídia: quantas pessoas se pretende atingir com a campanha e durante quanto tempo	**Cobertura geográfica**: área geográfica contemplada pela campanha. **Duração**: por quanto tempo a campanha será veiculada (levando-se em consideração a verba disponível). **Cobertura ou alcance da campanha**: qual é a parcela do público-alvo que se pretende atingir. **Frequência da campanha**: número de vezes que a campanha deve ser veiculada em determinado tempo.

(continua)

(Quadro 6.4 – continuação)

Planejamento de mídia	
III. Estratégia de mídia: quais são os melhores meios para chegar até o público-alvo	**Meios:** quais mídias são mais adequadas para atingir o público visado. Sugere-se dividi-las pelos tipos escolhidos: tradicionais, *no media*, mídias digitais, mídia OOH, pessoas etc. **Métodos:** como tais mídias serão trabalhadas – qual será o formato dos anúncios, se haverá uso sucessivo de diferentes mídias com o intuito de causar *overlapping*[2] etc. **Fluxo da campanha:** como será o fluxo da veiculação – será mais frequente no início da campanha e mais difuso no final; será maior em datas específicas etc. **Divisão de orçamento:** como o orçamento disponível ficará dividido entre as mídias utilizadas (sugere-se que essa divisão seja feita em forma de gráfico). **Divisão geográfica:** se a campanha será veiculada de forma diferente nas regiões do país; também deve ser estabelecida a estratégia.
IV. Justificativa sobre os meios utilizados	Nesta parte, justifica-se a escolha feita para as mídias no tópico anterior. Deve-se deixar claro por que cada uma foi escolhida, quais são suas características, que conexões existem com o perfil do *target* etc.

• • • • •

2   Por *overlapping* entende-se a superposição de exibição de uma mensagem publicitária a um público por meio de mídias diferentes (TV e rádio, redes sociais e TV etc.). O *overlapping* é importante para a fixação da campanha, desde que não seja feito de forma exagerada, pois isso faz com que o público deixe de prestar atenção (Publio, 2012).

(Quadro 6.4 – conclusão)

Planejamento de mídia	
V. Tática de mídia	Descreve-se e justifica-se de que modo cada mídia será utilizada. São aspectos que podem entrar na descrição das táticas: **Cobertura e frequência de cada meio**: quantas vezes a campanha será veiculada na TV, no rádio, no meio impresso etc. Cada mídia precisa ser complementada com dados específicos: na TV e no rádio, apontar dados de audiência, perfil do público, frequência das veiculações etc. **Custo de mídia**: em cada mídia, deve-se estimar o custo de cada inserção. **Frequência e intensidade recomendada para cada mídia**: as mídias têm perfis e lógicas diferentes – anúncios em redes sociais não funcionam da mesma forma que na TV, por exemplo; **Indicação de melhores horários para a colocação.**
VI. Estabelecimento do cronograma	O cronograma é, na realidade, um calendário que deve exibir, graficamente, quais os dias, horários, períodos e valores de cada inserção publicitária. Desse modo, facilita-se a visualização ao cliente de como a campanha aparecerá ao seu público-alvo.

Fonte: Elaborado com base em Publio, 2012; Pereira, 2017.

Conforme já mencionamos, a precisão de um plano de mídia será diretamente proporcional aos resultados que ele será capaz de gerar. Por isso, há algumas orientações para assegurar que esse documento esteja consolidado suficientemente e não ocasione problemas futuros.

Segundo Tamanaha (2011), um bom plano de mídia é completo, sem ser redundante; não gera dúvidas; opera por meio de um raciocínio lógico coerente; e consegue convencer o cliente de que as soluções de mídia apresentadas são as mais rentáveis.

Entrevista

Para entender melhor o trabalho do profissional de mídia, conversamos com Ivana Shizue Imayuki Duarte Mechailech[3], publicitária e professora universitária com larga experiência no setor.

Ela destaca que, para trabalhar nessa área, é fundamental manter-se atualizado – especialmente em virtude de todas as possibilidades que o digital oferece. "A tecnologia evolui o tempo todo trazendo novos formatos, recursos de segmentação, de mensuração, mudanças por conta de privacidade de dados" (Mechailech, 2022).

Ivana também tem experiência como cliente de agência de publicidade. Assim, atuando no setor de marketing, ela consegue observar a relação agência-empresa por ambos os lados.

• • • • •

3   Ivana Shizue Imayuki Duarte Mechailech é formada em Publicidade e Propaganda pela Universidade Positivo, especialista em Marketing Estratégico pelo Centro Universitário UniBrasil e mestranda em Administração pela Pontifícia Universidade Católica do Paraná (PUCPR). Já atuou como profissional de mídia na Agência Casa/JWT Group, na empresa O Boticário e na TIF Comunicação. Desde 2016, é professora de cursos de graduação e pós-graduação da PUCPR, onde leciona as disciplinas de Planejamento de Mídia, Ciberpublicidade, Métricas em Comunicação e Projeto de Comunicação Integrada.

Os veículos têm uma relação mais próxima com agências. Quando se é mídia, o mercado te procura o tempo todo para oferecer o que tem de mais recente. Quando se entra no marketing de uma empresa isso diminui, e há um certo processo a ser respeitado em que a agência intermedia esse contato entre cliente e veículos. E a agência acaba exercendo o papel de saber quais são as opções e já fazer um filtro para então recomendar o que é pertinente para o cliente. (Mechailech, 2022)

Habilidades esperadas da mídia

A publicitária destaca algumas habilidades e competências necessárias a um profissional de mídia que deseja ser reconhecido no setor:

- **Pensamento estratégico**: isso, por vezes, não é priorizado pelos profissionais.

  Ir direto para a tática e selecionar os veículos do plano é tentador, principalmente para quem está começando. Mas quanto mais experiência desenvolvemos, mais fica clara a importância de compreender os objetivos de marketing e comunicação, de entender a atuação da concorrência e, a partir daí, refletir sobre como a mídia pode colaborar para que os objetivos sejam atingidos. (Mechailech, 2022)

- **Conhecimento técnico**: o mídia precisa ter argumentos técnicos válidos na hora de fazer uma negociação, ou seja, não pode depender apenas de sua percepção.
- **Características pessoais como organização, inteligência, criatividade, facilidade para relacionamento interpessoal e sensibilidade**: "É importante avaliar quais os

> momentos mais adequados para abordar o público e falar sobre aquilo que estamos anunciando" (Mechailech, 2022).

6.6
Verbas e investimentos

Tudo o que foi planejado só poderá ser viável se couber no orçamento estipulado pelo cliente. Ainda que essa afirmação seja óbvia, a verdade é que muitas campanhas não atentam à necessidade de observar o **budget** desde o início do trabalho e, com efeito, o planejamento acaba não sendo realizado considerando aquilo que se é capaz de fazer.

Seguir isso é fundamental na medida em que se tornará possível estimar o que deve (ou pode) ser realizado no trabalho. Por isso, a recomendação é estabelecer certos parâmetros já na primeira reunião do *briefing*. Sob essa ótica, Publio (2012) menciona alguns dos fatores que influenciarão na consolidação dessa verba do cliente:

- **Margem de lucro da organização**: ou seja, o quanto o cliente lucra com o produto que oferece.
- **Objetivos de comunicação**: deve-se considerar o que o cliente pretende alcançar com a campanha, pois isso terá relação direta com o montante a ser investido.
- **Comportamento do setor**: é necessário observar como os concorrentes e o próprio setor se portam em suas estratégias publicitárias. A ideia é verificar como se costuma anunciar no mercado para conseguir competir dentro dele.

- **Comportamento do público-alvo**: por exemplo, se o *target* visado é mais propenso a estar presente em mídias tradicionais que nas mídias digitais, isso vai impactar os custos das mídias contratadas.
- **Participação no mercado**: o porte do cliente também costuma ser um fator considerado na verba investida.
- **Estágio de vida do produto anunciado**: trata-se do lançamento de produto, do reposicionamento, da recapitulação de um produto já existente etc. Isso também pode influenciar a quantidade de espaços de mídia que serão usados.

Temos de fazer um esclarecimento necessário sobre algumas mudanças nas formas de remuneração das agências. Em outros momentos históricos, o cálculo tradicionalmente feito considerava que a agência receberia 20% dos custos da veiculação de um anúncio em rádio, televisão e jornais. Essa comissão representava, em muitos casos, a fonte principal de renda de uma agência.

Como esclarece Pereira (2017), hoje em dia vivemos outro momento: as verbas são pulverizadas em diferentes meios de comunicação, com custos relativamente baixos em cada mídia. Nas plataformas digitais, por exemplo, o cálculo de uma mídia é feito por cliques ou impressões, com custos muitas vezes obtidos em centavos.

Essa nova realidade explicita que o setor de mídia deve ser encarado de forma mais dinâmica: "se antes o investimento da verba do cliente tinha destino certo e o retorno era previsível, embora nem sempre garantido, hoje o que se vê é uma visão mais aberta e menos restrita a poucos meios de comunicação" (Pereira, 2017, p. 208).

Além disso, o profissional de mídia precisa estar sempre atento a novas formas de empregar o *budget* em ações não tão tradicionais, mas que podem fornecer bons resultados. Um exemplo é o investimento em *branded content*, que pode ser traduzido como "conteúdo de marca". Ele consiste na produção de um tipo de conteúdo informativo ou de entretenimento que é pago (ou seja, é publicidade), mas que se apresenta como extremamente desejável e interessante para o público.

Também é relevante saber como a agência recebe pelos serviços que presta. Isso pode ocorrer por várias formas de negociação e acordos, porém listamos a seguir as maneiras mais recorrentes:

- **Estabelecimento de um *fee* mensal**: nesse caso, uma agência firma com o cliente um contrato mensal que será pago em um prazo estabelecido para o fornecimento de seus serviços. Vale lembrar que o *fee* se refere ao valor combinado entre agência e cliente para o pagamento pelo trabalho em determinado tempo.
- **Comissão ou bônus de veiculação (BV)**: diz respeito à margem referida anteriormente sobre os custos investidos em mídia (normalmente, de 20%).
- **Pagamento por produção**: o pagamento ocorre em cima de peças específicas, por um valor estabelecido em tabela.
- **Remuneração sobre resultados**: o pagamento da agência fica condicionado à obtenção de resultados positivos após a realização da campanha. Normalmente, diz respeito não apenas a volumes de venda, mas também a melhorias em questões de visibilidade, consolidação da imagem da empresa etc.

Portanto, várias são as possibilidades de acordo entre agência e cliente para o pagamento do serviço contratado. Ambas as partes devem decidir, conforme seus interesses, qual modalidade será empregada nessa relação.

∴ Negociações de mídia

Um aspecto bastante importante no trabalho do profissional de mídia é lidar diretamente com os veículos nos quais se pretende veicular a campanha. Com relação a isso, há um fator relevante e que pode ser muito curioso para quem não é do setor: a negociação dos valores é muito comum nessa relação. Aliás, os veículos de comunicação já costumam apresentar os valores superdimensionados, justamente com o intuito de levá-los a uma negociação.

Esse processo costuma ser chamado de "desconto pelo desconto" (Tamanaha, 2011, p. 212), o que significa que, por vezes, os veículos montam tabelas de preço que não condizem com a realidade, visto que, em uma negociação, alguns chegarão a descontos de 90%. Isso exige ainda mais perspicácia e até certa esperteza do profissional de mídia, já que ele pode ingenuamente acreditar que está conseguindo uma boa vantagem em um desconto de 50%, ignorando que os valores já estavam muito acima dos praticados no mercado.

Mas o que explica esse superfaturamento? Tamanaha (2011) menciona o fato de que um espaço de mídia é uma "mercadoria" difícil de ser avaliada, pois "o que se compra, prioritariamente, é o grau de lembrança que o veículo proporcionará ao anúncio ao veiculá-lo [...] e não somente o tempo e o espaço físico" (Tamanaha, 2011, p. 212).

Muitos jovens profissionais, quando se inserem no setor de mídia, sentem dificuldade de lidar com essa parte da negociação, uma vez que ela requer certo traquejo. Nessa perspectiva, Veronezzi (2009) esclarece que somos naturalmente negociadores: quando somos bebês e choramos na expectativa de que a mãe nos pegue no colo, já estamos exercendo nossa capacidade de negociar.

Um conceito de negociação no âmbito da publicidade pode ser assim descrito:

> Negociar é diferente de comprar. Comprar é adquirir algo de outra pessoa em um simples ato de compra e venda, sem necessariamente haver relacionamento. Negociar é a arte de obter benefícios em uma atividade de compra e venda. É uma arte porque o benefício é obtido por meio de um acordo amigável, o que implica relacionamento humano e requer a colaboração e o envolvimento das partes interessadas. (Veronezzi, 2009, p. 234)

Portanto, é necessário ter ciência de que a tarefa de negociação sempre fará parte do trabalho do profissional de mídia. A esse respeito, Tamanaha (2011), Veronezzi (2009) e Publio (2012) apresentam algumas recomendações relativas à forma como essa atividade deve funcionar:

- Em uma negociação de mídia, **não se expõe a quais valores se consegue chegar**, sob o risco de prejudicar toda a empreitada. Tal como em um jogo de cartas, não podemos revelar ao "adversário" o que temos em mãos.
- Sempre é preciso avaliar os **custos e os benefícios**: qual é o custo de um espaço (de acordo com a tabela de preços do veículo) e dos fatores tangíveis do benefício, ou seja, o público que será atingido (quantidade de audiência, circulação, cobertura, quantidade de cliques etc.).
- Quanto pior é a relação entre custo e benefício, **maior deve ser o desconto** a ser obtido.
- A depender dos valores obtidos, pode ser necessário reduzir o número de inserções do anúncio nos diferentes meios, a fim de se adequar ao orçamento disponível. Nessa situação, é importante **reavaliar a estratégia de mídia**, no intuito de que ela permaneça eficiente.
- Sob nenhuma hipótese se recomenda fazer negociações que visem tirar vantagem da outra parte. Entende-se que a negociação deve ser benéfica para ambos – caso contrário, será **antiética**.
- Todo o processo de negociação **deve ser exibido ao cliente**, de modo a lhe mostrar todo o esforço em prol do trabalho, além de lhe indicar o quanto ele está economizando.

Importante!

A profissional de mídia Ivana Shizue Imayuki Duarte Mechailech dá algumas dicas sobre a relação com os veículos de comunicação e a tomada de decisão referente às mídias que serão usadas para determinada campanha:

- Mesmo que troque de agência, é recomendado que o profissional **continue mantendo seus contatos com os mesmos veículos**.

  Vejo os contatos comerciais como parceiros que também querem viabilizar a melhor solução para o anunciante. Costumava passar o *briefing*, estar aberta a sugestões, buscava negociar com transparência, com argumentos técnicos, priorizando os interesses do anunciante, porém mantendo o respeito pelo trabalho do outro. Jogava aberto e isso era reconhecido. (Mechailech, 2022)

- As decisões sobre mídia devem envolver a **pesquisa sobre hábitos de consumo** do público-alvo: "como é seu dia a dia, por onde passa, qual o melhor momento para falar do que quero vender, o que influencia suas decisões de compra. Trabalhar próximo à equipe de planejamento é valioso nesta etapa" (Mechailech, 2022).

- Além disso, as decisões também **devem se basear nos dados** de que se dispõe sobre o público, avaliando-se a penetração e a afinidade dos meios no *target*. "Nesta fase, também é importante compreender necessidades da campanha de acordo com o que está sendo desenvolvido na criação e necessidades do que se vai anunciar: precisa de imagem? De qualidade de impressão? É compra por impulso ou mais racional? Teremos vídeo?" (Mechailech, 2022).

- Ivana sugere que a seleção dos veículos ocorra após a avaliação de três itens: a **adequação editorial** ou de contexto, para inserir a marca em determinado espaço; a **eficiência do veículo para atingir o público-alvo** (perfil e audiência); e a **rentabilidade**, mediante análises de custo-benefício de acordo com os valores cobrados e a capacidade de impactos que oferece.
- Quando se apresenta o plano de mídia ao cliente, por vezes, é necessário ser bem **didático**. Ou seja, a etapa de apresentação do plano é um momento muito importante, pois nela se explica racionalmente de que modo as decisões foram tomadas. Sobre isso, Ivana comenta o seguinte:

> É comum que os clientes tenham mais dúvidas do que discordâncias. Por isso vale estar preparado para responder a estas perguntas quando se vai para uma apresentação. Há clientes que ficam inseguros e pedem outros cenários de investimento, há quem confie totalmente no trabalho da agência e aprove o plano ali mesmo na apresentação. Cabe ao profissional de mídia entender o perfil do cliente e adaptar sua apresentação de modo que por vezes seja bem didática e em outras seja mais direta, podendo usar termos técnicos sem necessidade de explicações. (Mechailech, 2022)

- Por fim, é essencial que o profissional de mídia demonstre **segurança** com o plano apresentado e embase bem as recomendações feitas – afinal, o que está em jogo é a verba do cliente.

···

Síntese

Neste capítulo final, abordamos as últimas etapas contempladas durante a execução de uma campanha. Discorremos sobre o plano para o acompanhamento de todas as fases do projeto, assim como sobre as decisões referentes aos tipos de mídia que serão utilizados para veicular a mensagem publicitária

Esclarecemos, também, que esse trabalho costuma ser manejado por um profissional chamado *planner*, que precisa estar bem adequado à rotina da agência e manter-se atualizado quanto aos movimentos do mercado. Ele será o responsável por atuar como uma espécie de "guardião", ou seja, deverá certificar-se de que tudo transcorra conforme o planejado.

Com relação à mídia, explicamos que se trata de uma área extremamente estratégica, já que uma má decisão (por exemplo, a escolha por um canal que não impacta o público-alvo) pode colocar em risco todo o trabalho feito pela equipe. Embora certos publicitários não entendam a mídia como uma área em que gostariam de atuar (há quem enxergue esse setor como excessivamente "lógico" e pouco criativo, diferente do que imaginam ser a publicidade como um todo), fica claro que essa etapa é fundamental, uma vez que trabalha diretamente com o dinheiro investido pelo cliente.

Considerando todo o exposto, percebemos que o trabalho de pensar e publicar uma campanha é denso e articulado por diversos profissionais, ainda que vise atender a uma única demanda: o projeto de uma empresa que confiou na agência de publicidade.

Questões para revisão

1. (Provar – 2021 – UFPR) Quais meios representam, respectivamente, exemplos de 1) mídia eletrônica; 2) mídia impressa; 3) mídia exterior; 4) mídia alternativa?
   a) 1) rádio; 2) revista; 3) adesivo de chão; 4) outdoor.
   b) 1) televisão; 2) revista; 3) empena; 4) adesivo de chão.
   c) 1) empena; 2) adesivo de chão; 3) revista; 4) cinema.
   d) 1) cinema; 2) empena; 3) painel do metrô; 4) painel de tetraedro.
   e) 1) rádio; 2) revista; 3) mídias sociais; 4) indoor.

2. (Consulplan – 2019 – MPE-PA) Bem-vindo ao maravilhoso mundo da propaganda *online*. Se não entende por que o seu *site* não gera o tráfego que você esperava, aqui encontrará a principal razão: você não investiu nele. Acostume-se a ver o seu *site* como uma nova empresa, com todos os direitos e obrigações que lhe correspondem. Os direitos são simples e dá para imaginá-los logo: lucro puro e simples. Porém, você realmente achava que esses direitos não lhe davam algumas obrigações? E que obrigações são estas? Felizmente, a *web* tem poucas. Por exemplo, não há impostos! Você não paga IPTU, taxa condominial, luz

etc., por ter um *site* imenso! Então, por que não reinvesti-lo em propaganda?

(CASTRO, Álvaro de. *Propaganda e Mídia Digital: a web como a grande mídia do presente*. Rio de Janeiro: Qualitymark, 2000).

Conforme Álvaro de Castro, fazer propaganda *online* é, portanto, uma prática vantajosa porque:

a) A *internet*, em tese, está no ar em 60% dos dias do ano.
b) Possui uma grande capacidade de segmentação, uma vez que cada *site* é acessado para um propósito específico.
c) O preço a ser pago tem um espectro menor de diferença entre os horários escolhidos para veicular a publicidade.
d) O custo de distribuição não aumenta de forma substancial, se for atingido gradativamente um maior número de usuários.

3. Assinale a alternativa que apresenta corretamente maneiras de remuneração de uma agência por seus clientes:
   a) Contratação terceirizada e remuneração sobre resultados.
   b) Contratação tercerizada e bônus de veiculação.
   c) *Fee* mensal, assinatura, compra de peças isoladas.
   d) Assinatura, bônus sobre veiculação, compra de peças isoladas.
   e) *Fee* mensal, bônus de veiculação, remuneração sobre resultados.

4. Quando decidimos sobre um canal de mídia a ser contratado para uma campanha, quais deles são mais vantajosos, as mídias tradicionais ou digitais? Justifique sua resposta.

5. A negociação de valores para a veiculação de anúncios é uma prática comum na publicidade. Explique por que não se costuma revelar toda a margem de negociação possível quando se está pleiteando valores de mídia.

Questões para reflexão

1. Analise as diferenças entre o profissional de planejamento e o de atendimento. Reflita: Por que é importante contar com os dois tipos de profissionais em uma agência?

2. Neste capítulo, versamos sobre os diferentes tipos de mídia que podem veicular campanhas publicitárias. Quais mídias você acredita que mais causam impacto pessoal em você? Por que isso acontece?

Considerações finais

Chegamos ao fim deste passeio pela prática publicitária. Exploramos as principais facetas que envolvem a produção deste documento que rege todos os *jobs* realizados em agências: o conhecido *briefing*. O termo é tão recorrente que acabou se expandindo para além da publicidade. Chegamos a aportuguesar a palavra para o verbo *brifar*, que empregamos para indicar quando queremos criar o resumo da uma demanda de um projeto que será executado por alguém.

No entanto, o *briefing* publicitário vai muito além de um resumo. Na realidade, ele se configura como uma etapa aglutinadora de todo o trabalho, uma vez que indica aos demais setores da agência (como o atendimento, a criação, a produção e a mídia) quais caminhos devem ser percorridos para que os objetivos de comunicação possam ser atingidos – o que, no fim das contas, consiste na razão de ser de tudo o que se faz na publicidade.

Ao longo dos seis capítulos, buscamos revelar a você, leitor, todos os entornos que concernem a esse trabalho. Nesse sentido, explicamos a necessidade de construir um diagnóstico preciso que vá além das impressões que a empresa tem de si mesma. Isso não significa, certamente, que ela não tem de ser ouvida, e sim que a sua palavra não é a única fonte de informação para o *briefing*.

Destacamos, também, que esse documento abrange muito mais fatores do que os meros dados indicados pelo cliente e coletados em uma pesquisa de mercado. É necessário conhecer o público-alvo, em vez de simplesmente intuí-lo – como muitas vezes costuma acontecer na rotina das agências. Além disso, chamamos atenção para a relevância de se ter responsabilidade social quanto ao *target*, refletindo sobre as consequências de uma campanha voltada a um público que, por vezes, poderá ser prejudicado por ela. Desse modo, convidamos você a encarar a prática publicitária de forma ética, ou seja, com vistas à construção de um mundo melhor para todos.

Por fim, discutimos a colocação em prática de um projeto de comunicação e apresentamos as ferramentas disponíveis para acompanhar seus resultados. Ter noção sobre como operam os indicadores de *performance* é a melhor estratégia possível para assegurar que a campanha será eficiente em sua proposta – o que se combina com a escolha acertada dos canais de mídia em que ela será apresentada ao público.

Esperamos que a experiência de leitura deste livro tenha sido produtiva para você e que a obra o tenha estimulado a refletir sobre sua profissão. Se você encerra esta jornada com perguntas e ideias, nosso objetivo foi atingido: a proposta é que você encare a publicidade de uma maneira dinâmica, como uma área importantíssima da vida social e que deve sempre ser vista sob a ótica da renovação.

Desejamos que sua trajetória em sua profissão seja repleta de boas descobertas e de grandes *jobs*!

Referências

ANTERO, K. de L. **Atendimento publicitário**: prospecção de clientes, comunicação e planejamento. Curitiba: InterSaberes, 2021.

AVIS, M. C. **Marketing digital baseado em dados**: métricas e performance. Curitiba: InterSaberes, 2021.

AVIS, M. C. **SEO de verdade**: se não está no Google, não existe. Curitiba: InterSaberes, 2019.

CLOW, K.; BAACK, D. **Integrated Advertising, Promotion, and Marketing Communications**. Essex: Pearson, 2022.

COOPER, G. F. Avengers: Endgame social media reactions: 'Greatest superhero movie ever'. **CNET**, 22 abr. 2019. Disponível em: <https://www.cnet.com/culture/entertainment/avengers-endgame-social-media-reactions/>. Acesso em: 10 jan. 2023.

CORREA, R. **Planejamento de propaganda**. São Paulo: Global, 2013.

COSTA, V. **Entrevista concedida a Maura Oliveira Martins**. Curitiba, 14 jun. 2022.

DIAS, L. **Entrevista concedida a Maura Oliveira Martins**. Curitiba, 27 jun. 2022.

FABRIS, T. **Entrevista concedida a Maura Oliveira Martins**. Curitiba, 27 jun. 2022.

FERREIRA JUNIOR, A.; CAMARGO, S. **O cidadão é rei!** Marketing e atendimento em serviços públicos. Curitiba: InterSaberes, 2022.

FERREIRA, M. Netflix is a joke. **Medium**, 9 out. 2018. Disponível em: <https://medium.com/@_miguelferreira/netflix-is-a-joke-84a31f197817>. Acesso em: 9 dez. 2022.

GABRIEL, M. **Marketing na era digital**: conceitos, plataformas e estratégias. São Paulo: Novatec, 2010.

GAROTO – Compre Baton. 10 nov. 2010. Disponível em: <https://www.youtube.com/watch?v=sBWu7ibZDVg&t=35s>. Acesso em: 18 dez. 2022.

IZOTON, T.; MOZER, T.; SOUZA, F. O atendimento publicitário no contexto da publicidade contemporânea. In: CONGRESSO DE CIÊNCIAS DA COMUNICAÇÃO DA REGIÃO SUDESTE, 24., Vitória, 2019. **Anais**... Vitória: Intercom, 2019. Disponível em: <https://www.portalintercom.org.br/anais/sudeste2019/resumos/R68-0640-1.pdf>. Acesso em: 6 dez. 2022.

JENKINS, H. **Cultura da convergência**. São Paulo: Aleph, 2009.

KOTLER, P. **Administração de marketing**. São Paulo: Prentice Hall, 2000.

KOTLER, P.; KELLER, K. **Administração de marketing**. São Paulo: Pearson, 2012.

LAURINO, M. O atendimento vai salvar a publicidade. **Meio & Mensagem**, 26 fev. 2019. Disponível em: <https://www.meioemensagem.com.br/home/opiniao/2019/02/26/o-atendimento-vai-salvar-a-publicidade.html>. Acesso em: 6 dez. 2022.

LUPETTI, M. **Administração em publicidade**: a verdadeira alma do negócio. São Paulo: Cengage Learning, 2011.

MARTÍN, M. A geração que não assiste mais TV e corre atrás dos 'youtubers'. **El País**, 15 ago. 2017. Disponível em: <https://brasil.elpais.com/brasil/2017/08/13/tecnologia/1502578288_835104.html>. Acesso em: 6 dez. 2022.

MAZZA, C. M. **Entrevista concedida a Maura Oliveira Martins**. Curitiba, 9 jun. 2022.

MECHAILECH, I. S. I. D. **Entrevista concedida a Maura Oliveira Martins**. Curitiba, 27 jun. 2022.

"NETFLIX é uma piada", dizem outdoors em Nova York e LA. **Exame**, 6 set. 2017. Disponível em: <https://exame.com/marketing/netflix-e-uma-piada-dizem-outdoors-em-nova-york-e-la>. Acesso em: 9 dez. 2022.

OS ÚLTIMOS desejos da Kombi – Volkswagen. 4 set. 2016. Disponível em: <https://www.youtube.com/watch?v=0ewKX4Dg-cI>. Acesso em: 10 jan. 2023.

PAIXÃO, M. V. **Pesquisa e planejamento em marketing e propaganda**. Curitiba: InterSaberes, 2012.

PATEL, N. **Benchmarking**: o que é, como fazer e 4 exemplos práticos. Disponível em: <https://neilpatel.com/br/blog/benchmarking/>. Acesso em: 28 abr. 2022a.

PATEL, N. **Briefing**: o que é, como fazer, modelo e exemplos. Disponível em: <https://neilpatel.com/br/blog/como-criar-um-briefing/>. Acesso em: 9 abr. 2022b.

PATEL, N. **Comunicação integrada**: como é e como criar a da sua empresa. Disponível em: <https://neilpatel.com/br/blog/comunicacao-integrada/>. Acesso em: 6 abr. 2022c.

PATEL, N. **CRM**: o que significa, quanto custa e como implementar. Disponível em: <https://neilpatel.com/br/blog/crm-o-que-e/>. Acesso em: 29 abr. 2022d.

PEREIRA, C. **Planejamento de comunicação**: conceitos, práticas e perspectivas. Curitiba: InterSaberes, 2017.

PEREZ, C.; BARBOSA, I. S. **Hiperpublicidade 1**: teorias e fundamentos. São Paulo: Cengage Learning, 2007a.

PEREZ, C.; BARBOSA, I. S. **Hiperpublicidade 2**: atividades e tendências. São Paulo: Cengage Learning, 2007b.

PERUYERA, M. S. **Planejamento da comunicação**. Curitiba: Contentus, 2020.

PERUYERA, M. S.; VAZ, O. E. M. **Uma história da publicidade**. Curitiba: InterSaberes, 2020.

PIRES, A. **Atendimento publicitário**. Curitiba: Contentus, 2020.

PUBLIO, M. **Como planejar e executar uma campanha de propaganda**. Curitiba: Atlas, 2012.

RIES, A. I. **Posicionamento**: a batalha por sua mente. São Paulo: Makron Books, 2002.

SACCHITIELLO, B. Por que a área de atendimento das agências pode mudar de nome. **Meio & Mensagem**, 8 fev. 2019. Disponível em: <https://tinyurl.com/2vxenemv>. Acesso em: 6 dez. 2022.

SANT'ANNA, A. **Propaganda**: teoria, técnica e prática. São Paulo: Pioneira, 1998.

TAMANAHA, P. **Planejamento de mídia**: teoria e experiência. São Paulo: Pearson Prentice Hall, 2011.

TERRES, M.; SANTOS, C. Confianças cognitiva, afetiva e comportamental em trocas business-to-consumer. **Revista de Administração FACES Journal**, Belo Horizonte, v. 9, n. 3, p. 77-92, 2010. Disponível em: <http://revista.fumec.br/index.php/facesp/article/view/199>. Acesso em: 6 dez 2022.

VERONEZZI, J. C. **Mídia de A a Z**: conceitos, critérios e fórmulas dos 60 principais termos de mídia. São Paulo: Pearson Prentice Hall, 2009.

Respostas

Capítulo 1

Questões para revisão
1. e
2. a
3. e
4. As mídias *off-line* podem ser relativamente baratas em âmbito local; possibilitam a promoção de anúncios em larga escala; têm baixo custo por impressão; quando bem selecionadas, podem atingir grandes públicos.
5. Elas podem se misturar à poluição visual da cidade, dificultando a retenção; podem gerar pouca segmentação do público-alvo, por conta do curto tempo de exposição à mensagem; além disso, as informações exibidas podem ser muito rápidas.

Capítulo 2

Questões para revisão
1. b
2. c
3. e
4. Padrão de resposta: um *briefing* muito longo provavelmente contará com informações em excesso, ou seja, que não foram filtradas a

contento pelo setor de atendimento. Por sua falta de objetividade, ele pode até ocasionar alguns problemas: não chamar a atenção para as partes mais importantes a serem consideradas pelo setor de criação na hora de elaborar o conceito da campanha; demandar um tempo excessivo das demais áreas envolvidas, que precisam "caçar" nele as informações mais centrais etc. Em suma, um *briefing* prolixo pode atravancar a elaboração do job.
5. Entre as razões, podemos citar: dificuldade na linguagem, como o uso de termos técnicos; dificuldade de o cliente expressar o que quer; exigência de prazos impraticáveis etc.

Capítulo 3

Questões para revisão
1. b
2. d
3. b
4. *Benchmarking* é uma técnica que consiste na análise sobre os processos utilizados por concorrentes para a obtenção de bons resultados. Não sugere, portanto, que se copie o concorrente (por exemplo, "roubar" a ideia de um produto ou copiar a comunicação de outra empresa), mas que se dê atenção especial às estratégias que podem ser usadas como inspiração para melhorar os processos do cliente.
5. As metodologias quantitativas levantam dados mais mensuráveis estatisticamente. Isso é feito por meio de formulários, pesquisas, entrevistas objetivas etc. Já as metodologias qualitativas permitem a coleta de informações mais subjetivas em profundidade. Elas podem ser executadas por entrevistas, reuniões, grupos focais etc.

Capítulo 4

Questões para revisão
1. b
2. e
3. b
4. Os *stakeholders* englobam todos os públicos impactados por uma empresa. Eles podem ser tanto internos (funcionários, gestores, prestadores de serviço) quanto externos (clientes, fornecedores, sindicatos etc.). É fundamental entender quem são eles e como serão impactados por uma ação, uma vez que se espera que ajam "a favor" da empresa. Certos setores externos, como os sindicatos, podem ser diretamente atingidos por uma mensagem publicitária específica; por isso, o mapeamento dos *stakeholders* acaba por prever – e corrigir – possíveis problemas nessa relação.
5. Os aspectos são: geográfico, demográfico e psicográfico, além dos hábitos de compra e do envolvimento com a marca.

Capítulo 5

Questões para revisão
1. e
2. e
3. d
4. Métricas de vaidade são indicadores de mídia digital que fornecem dados que, inicialmente, podem parecer muito valiosos – como o aumento do engajamento em uma rede social ou o número de seguidores ou de curtidas em fotos –, mas que, na realidade, só servem

para aguçar a "vaidade" do cliente. Isso significa que não se referem a informações muito relevantes, a não ser que estas sejam associadas a um objetivo de campanha. Tais métricas se tornam nocivas quando se dá muita atenção a elas, afastando-se de indicadores mais importantes, isto é, aqueles que trabalham diretamente com as metas estabelecidas para o *job*.
5. A taxa de conversão é uma métrica que avalia qual foi o aumento de vendas após um período de veiculação de uma campanha. Como se refere a um fator central de qualquer campanha publicitária (o impacto no consumo), constitui-se em uma métrica fundamental.

Capítulo 6

Questões para revisão
1. b
2. b
3. e
4. Esta é uma falsa pergunta, pois não há como dizer com 100% de certeza quais mídias seriam melhores. Isso porque as escolhas sobre as mídias contemplam diversos fatores, como o perfil do público, os hábitos de consumo e questões geracionais do *target*. Para certos anunciantes, as mídias tradicionais podem se adequar melhor, mas, para outros, as mídias digitais podem ser mais indicadas.
5. A negociação de mídia funciona como uma espécie de "jogo de cartas": nenhum dos lados costuma revelar o que tem em mãos. Por conta disso, é prática comum não explicitar a margem de negociação, a fim de conseguir contratos melhores de mídia.

Sobre a autora

Maura Oliveira Martins é doutora em Ciências da Comunicação pela Universidade de São Paulo (USP), mestre em Ciências da Comunicação pela Universidade do Vale do Rio dos Sinos (Unisinos) e jornalista formada pela Universidade Federal de Santa Maria (UFSM). Desde 2006 atua como professora universitária, com experiência na docência em graduação e pós-graduação, bem como na coordenação dos cursos de Jornalismo, Publicidade e Propaganda e Relações Públicas. É autora dos livros *Novos efeitos de real no jornalismo televisivo: reconfigurações estéticas e narrativas a partir da ubiquidade das máquinas de visibilidade*, publicado pela Editora LabCom.IFP, da Universidade da Beira Interior (Covilhã, Portugal), e *Profissão jornalista: um guia para viver de notícias na próxima década*, publicado pela Editora InterSaberes. Como jornalista, atua na área do jornalismo cultural na produção de reportagens, artigos, resenhas, vídeos e *podcasts*. Também é fundadora do portal de jornalismo cultural Escotilha e roteirista do canal do YouTube Meteoro Brasil.

Os papéis utilizados neste livro, certificados por instituições ambientais competentes, são recicláveis, provenientes de fontes renováveis e, portanto, um meio **respons**ável e natural de informação e conhecimento.

FSC
www.fsc.org
MISTO
Papel | Apoiando o manejo florestal responsável
FSC® C103535

Impressão: Reproset